持ち手、ファスナー、ポケット、金具など、知りたかったことがわかる!

バッグ作り教室

水野佳子

バッグによく見かけるあれこれを、
1つずつ(レベルアップを図りながら!)説明しています。
よくわからないまま進めていたことが、いくつかあるのではないかと思います。

バッグ作りを始めるとき、まず作り方をひと通り見てください。
見てわからなかったところは頭の中で理解しようとせず、
今度は布を手にしながら読んでみてください。
作っていくうちに、本には載っていない〝コツ〟をつかめるかもしれません。
〝コツ〟を知ることができるのは、自分の手の感覚のみです。

本書の使い方は自由。
作ったことがないから、気になっていることを知りたいから、使いたい布があるからなど、
「〜だから、作りたい!」と思ったときに。

では……
1つめのバッグは、どんな布にしましょうか?

水野　佳子

CONTENTS

Lesson1 布選びと接着芯 4　　丸底バッグ 8

Lesson2 持ち手 11　　2枚の布で作る持ち手のバッグ 15

Lesson3 まち 18　　脇まちのバッグ 23

Lesson4 バッグの口 26　　バニティバッグ 32
（ファスナー／マグネットホック／ボタン＋ループ）

Lesson5 ポケット 35　　ポケットいっぱいバッグ 40　　バイアステープ始末の仕方 43

Lesson6 タックとギャザー 44　　タックとギャザーのバッグ 47

Lesson7 裏布 50　　裏布つきのトートバッグ 53

Lesson8 金具 56　　ショルダーバッグ 60

Lesson9 ハトメとカシメ 63　　きんちゃくバッグ 67

Lesson10 底板と底鋲 70　　ボストンバッグ 76

補習Lesson きれいに作るための補習 Lesson 81
（地直し・水通し／裁断する／ミシンで縫う／アイロンがけ／目打ちを使う）

Lesson1

布の種類

布選びと接着芯

バッグ作りでまず最初に迷うのが、どんな布を使ったらいいの？という点です。
基本的には何を使ってもいいのですが、布を選ぶ前にそれぞれの特徴を見てみましょう。

>> 基本的には好きなものを。まずは布の特徴を知りましょう

木綿（薄～普通地）

肌触りがよく、比較的扱いやすいため、さまざまなタイプのバッグ作りに使われる布。なかでもローン、ブロードなどが人気です。ローンは細めの糸を緻密に織ったしなやかさが、ブロードは表面の光沢が特徴です。

木綿（厚地）

帆布、デニム、オックスなど。丈夫で厚みがあるので、ボストンバッグやビッグトートなど大型のバッグにも使えます。固すぎるものはギャザーを寄せるのは難しいため、グラニーバッグやギャザーバッグなどには不向き。

リネン

麻糸を織り上げた独特の風合いとさらりとしたシャリ感が魅力。丈夫な生地なのでバッグの形や大きさは選びませんが、その素材感を楽しむためには接着芯は使わず自然な雰囲気に仕立てたい布です。

綿麻

木綿地に麻が入り、しっかりとした織地で使いやすい布。表裏両面に柄が入っているリバーシブルタイプのものも多く見られます。1枚で裏布なしでもおしゃれに仕上げられるので便利。

ニット地

編み地なので、織地に比べると伸縮性が高く、弱めの布。大きなバッグだと伸びやすくなるので、1枚で仕立てる場合は小さめのサイズ向きです。ニット用の裏地をつけることで、少し伸びを抑えることもできます。

ウール

ツイード、ヘリンボーン、フラノなど。羊毛を粗く織ったもの。保温性があり、水をはじくため汚れにくいという利点も。ただしバッグにするには強度が足りないため、1枚ではなく、裏布をつけて作るのがおすすめです。

ラミネート

表面にビニールコーティングが施された生地。張りがありほつれにくく、バッグ作りに便利。生地が固いためギャザーバッグなどのデザインには不向きです。汚れや水に強いという特徴があります。

フェイクファー

毛皮に似せて作られた毛足の長い生地。ほかの生地にはない、ふんわりと毛が広がるぜいたくな質感が楽しめます。作る際は裏布をつけるほうが補強になり、形も安定します。

接着芯の種類

≫ しっかりとさせたい場合、接着芯で補強します

接着芯の種類

織物タイプ
バイアス方向に伸びるため、同じ平織りの布との相性がいい。布にしなやかな張りが出るので、布の補強とバッグのラインをきれいに出したいときに。

不織布タイプ
繊維を組み合わせてできているので、伸縮性はありません。はることで生地の伸びもなくなるためや や固めの仕上がりに。特に丈夫に仕上げたい持ち手や底の部分に使うと効果的です。

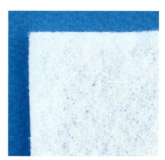

接着キルト芯
厚さ0.5cm前後のわた状の芯。布の補強になるのと同時に、使うことで布全体がふっくらとします。クッション性も出るため、中に保護したいものを入れる際にも。

ソフトな張りが出る — 織物タイプ
全体が自立するくらいの張りが出る — 不織布タイプ
布がふっくらした風合いに — 接着キルト芯

同じ木綿に3種類の接着芯をはると…

しなやかで固さのない木綿(普通地)に織物タイプの接着芯を使うと、程よい張りが出て美しく仕上がります。不織布タイプの芯ではバッグ全体の形が保て、口まわりがしっかりするくらいの張りが出ます。接着キルト芯は立体的なふっくらと丸みを帯びたフォルムに。
※左の3つのバッグは、どれも接着芯をはり、裏布をつけたものです。作り方は9ページを参照。

Q バッグにしたときしわになりにくい素材が知りたい!

A 木綿やリネンなどの天然繊維はしわになりやすく、ポリエステル、ナイロンなどの化学繊維や、それらが混紡された布のほうが、しわになりにくいです。天然繊維には接着芯をはることで、ある程度しわを防止することができます。

Q シールタイプの接着芯、どうやって使えばいいの?

A アイロンを使わず手軽にはれるシールタイプの接着芯。けれど、種類によっては縫い針にシールののりがついてベタついてしまうという難点も。そのような場合は、接着芯が縫い線にかからないようにはりましょう。

接着芯の貼り方

Lesson1 / 接着芯の貼り方

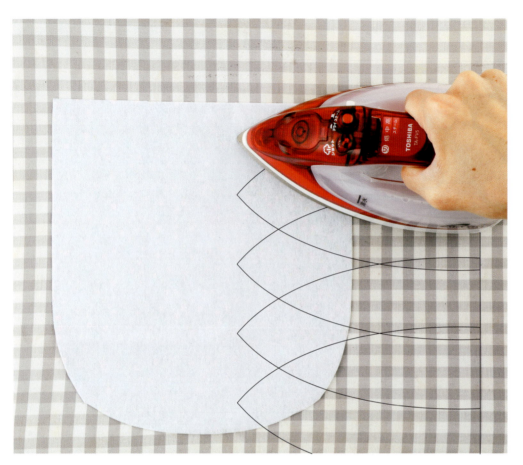

接着芯
布の裏を上にして置き、その上に接着芯の接着剤のついた面を合わせてのせます。次に、接着芯がずれないよう、接着芯の上からドライアイロンで仮どめをします。アイロンは接着芯の上を滑らせず、端から少しずつ置いていくように押さえましょう。さらに、スチームアイロンで蒸気を全体にかけ、最後に、ドライアイロンで圧をかけてしっかりと押さえてから冷まします。

接着キルト芯
接着剤のついた面を上にして置き、その上に布の裏面を合わせてのせます。布の上から全体にまんべんなく、スチームアイロンをかけて接着します。

※どちらの芯も、使用する生地に試しばりをしてから使うと安心です。

Q はったあとで芯がシワシワに。どうして？

A 接着芯は基本的に中温程度のアイロンではります。高温とスチームで芯が溶けたり布が縮んだりしてしわになってしまうことが。説明書に記載されている適切な温度を確認しましょう。布と芯の相性が合わない場合もあるので、試しばりをしてみるのがおすすめです。

Q 気をつけていても所々つかないところが…

A アイロンの裏面を見るとスチームの吹き出し口として蒸気穴があいています。いくら押さえても、この穴の部分には圧がかからないため、蒸気穴のない部分を当ててしっかり全面を押さえてみて。

蒸気穴

Q 接着芯はどこまではればいいの？

A 通常は布と同じサイズにカットしたものを布全面にはります。縫い線にかかるようにはることで布に芯を縫いとめることもでき、後々、芯がはがれてくるなどのトラブルも妨げます。

接着芯の選び方

織りの布には同じ織物タイプの芯がなじみがよいのでおすすめ。不織布タイプの芯は布との伸縮が合わない場合、後々しわやはがれる原因になることもあるので注意が必要です。また、芯をはると布の風合いも変わるので、仕上がりのイメージに合うものを選びましょう。

木綿

↓

織物・不織布タイプ

木綿には、同じく織物か不織布の薄手の芯がなじみます。さらに丈夫にしたい場合は、裏布をつけることで補強します。

ウール

↓

織物・不織布タイプ

織り糸が太く、甘く織られたウールは、ぜひ芯はりを。補強のためなら薄手、よりしっかりさせたいなら厚手の芯を選んで。

フェイクファー・ラミネート

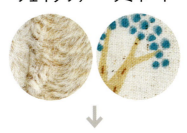

↓

熱に弱いフェイクファーにアイロンで接着芯をはるのはNG。ラミネートはコーティングにより布自体に張りがあるため芯は必要ありません。

Q 異素材の布をはぎ合わせるときは何を使えばいいの?

A 異素材を合わせる場合は、ウールと帆布などのようになるべく厚みの近いものを組み合わせ、その厚さに合ったタイプの接着芯を使います。もし布同士の厚さに差がある場合は、双方の厚みがそろうように厚さの違う接着芯で調整するといいでしょう。

Q 接着芯をはったら布がシワシワに。どうして?

A 薄手の布に厚手の不織布タイプの接着芯など、厚さも織りも性質の大きく異なる組み合わせは、なじまず布がよれてしわになるなど、トラブルの原因になりやすいです。

Lesson1

丸底バッグ →実物大型紙A面

同じ型紙を使い、2種類の素材でミニバッグを仕立てました。
やわらかいウールは裏袋をつけ、
比較的しっかりとした綿麻は一枚で仕立てています。

左がウール、右が綿麻。底の部分にダーツを入れ、ふっくらとしたかわいい形です。

ウールの裏袋には綿ブロードを使用。表袋の柄にある一色を組み合わせると落ち着きがよくなります。

丸底バッグ

作り方　*わかりやすいように、布と糸の色を変えています。

材料
◎一枚仕立て
表布 70×40cm
◎裏袋つき
表布 70×40cm　裏布 50×30cm

できあがりサイズ
縦21.5×横20cm（持ち手含まず）

✚作り方のポイント
一枚仕立てと裏袋つきの2種類の作り方を紹介しています。でき上がりのサイズはまったく同じですが、本体のバッグ口と、持ち手の縫い代が違うので注意して型紙を写してください。

裁ち合わせ図

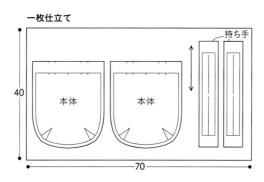

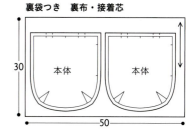

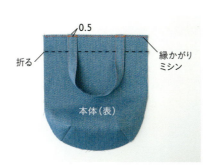

◎一枚仕立て

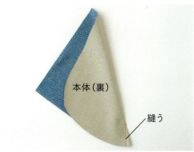

1 本体のダーツを、中表に折って印を合わせ、ミシンで縫う。ダーツの止まりも返し縫いをする。

2 縫い代はアイロンで上側に倒す。もう一方も同様に縫う。

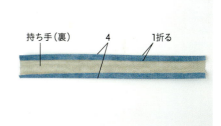

3 持ち手を作る。アイロンで両側の縫い代を折る。

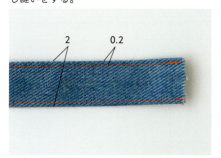

4 縦半分にアイロンで折り、両側にステッチをかける。もう1本も同様に作る。

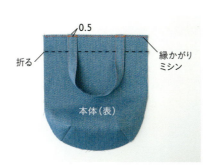

5 本体の口の縫い代をアイロンで折っておく。持ち手を口の縫い代端にミシンで仮どめをし、縁かがりミシンをかける。もう一方も同様。

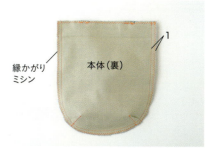

6 本体2枚を中表に合わせて、周囲を縫い、2枚一緒に縁かがりミシンをかける。

Lesson1

丸底バッグ

7 縫い代をアイロンで折り、片側に倒す。

8 表に返して形を整える。バッグ口の縫い代を折り、ステッチをかける。

9 持ち手をバッグ口に縫いとめる。

●裏袋つき

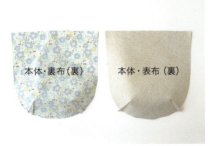

1 必要に応じて本体裏面には接着芯をはる。表布と裏布それぞれダーツを縫う。縫い代は重ねたときに互い違いになって厚みが均等になるように、表布は上側、裏布は下側に倒す。

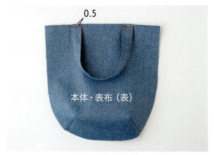

2 持ち手を作り、表布の縫い代に仮どめする。もう一枚も同様※持ち手の作り方は一枚仕立て参照。

3 本体・表布2枚、裏布2枚をそれぞれ中表に合わせて周囲を縫う。裏袋は返し口を縫い残しておく。縫い代は片側へ倒す。

4 裏袋を表に返して、表袋と中表になるように中に入れる。このとき、表袋と裏袋の縫い代は互い違いになるように合わせる。

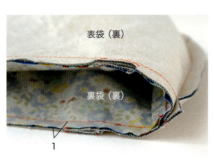

5 バッグ口をぐるりと縫う。

6 裏袋を引き出し、返し口から表に返して形を整える。

7 返し口を縦まつりでとじる。

8 バッグ口にステッチをかける。

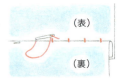

縦まつり

縫い目の間隔は2〜3mm程度。糸が垂直になるように針を刺す。縫い目が表から目立たないので返し口をとじるときによく使われる縫い方。

Lesson2　持ち手の種類

持ち手

バッグに不可欠な持ち手。
本体を支える十分な強度、そして長さや幅などの実用性が必要です。
目立つ部分なのでデザイン性も大切ですね。

>> 持ち手のデザインや、素材を選びましょう

ステッチを入れれば入れるほど丈夫になります

Lesson2

持ち手の種類

テープを組み合わせて作る

テープにテープを重ねて縫いつけて作ったもの。デザイン性がアップするだけでなく、強度も増し一石二鳥。

ポンポンつきのブレードを、縦に二つ折りにしたテープに挟んで縫うとかわいらしい雰囲気の持ち手になります。

芯を入れて作る

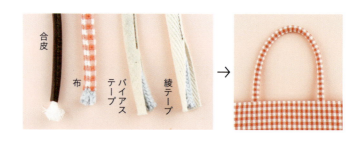

筒状にした布に市販の芯やひもを通して作ります。丸くふっくらとして持ちやすい。布の代わりにバイアステープや綾テープなどを利用しても作れます。

中表に二つ折りにして縫い、表に返してひも芯を通す。

バイアステープや綾テープなどを使う場合は外表に合わせて縫い、ひも芯を通す。

市販の持ち手やテープを使う

上/本革や合皮などの持ち手をつけると本格的な仕上がりに。下/テープはアクリル、ナイロン、革などさまざまなものが市販されているので仕上がりのイメージに合わせて選んで。

Q 厚地だとまち針でうまく固定できません

A 帆布やデニムなどの厚地はまち針がうまく刺さらないことも。そんなときはクリップがおすすめです。また、アイロン接着両面テープで固定してもOK。

持ち手のつけ方

>> **つけ方のコツは、きちんと印を合わせ、仮どめをすること**

ステッチで縫いつける

テープ状の持ち手に限るつけ方で、ステッチもデザインのポイントになります。口部分の縫い代や見返しは、ステッチがかかる位置までつけるように。

裏袋や見返しの間に挟みつける

持ち手の端が中に隠れるので見た目にすっきりとした仕上がり。いろいろなタイプの持ち手をつけることができます。

持ち手の長さと幅、間隔のバランス

デザインや使い勝手にもよるので一概には言えませんが、右図をだいたいの目安に。縫いつける前に仮どめして試しに持ってみると安心です。

●寸法の目安（手提げ）

長さ30cm
手提げなら20〜40cm。肩掛けにするなら45〜60cm。

幅2.5cm
2〜2.5cmが一般的。3cm以上になると握りにくくなるので、持つ部分を10cmほど二つ折りにして縫うと使いやすくなる（写真）。

間隔
バッグ口の寸法と持ち手の幅により7〜12cm。持ち手を手で握ったときに、おさまりがいい位置に。

Q 中表に縫い合わせて表に返すのが大変です

A 厚地で、なおかつ幅が狭い場合は、表に返すのもひと苦労なので、外表に合わせて縫う方法（11ページ参照）が無難です。表に返す方法はいろいろありますが、細い棒や箸を使って片側から押し込むようにして返すのが最もシンプルで簡単。市販の専用の道具も便利です。

1 持ち手の片方の端をミシンで縫う。あとでほどくので返し縫いはしない。

2 縫った部分に箸などを当て、押し込む。

3 全部表に返ったら、1で縫った所を目打ちなどでほどき、アイロンで形を整える。

Lesson2 — 持ち手のつけ方

Q 厚手の持ち手を上手に縫いつけるには？

A まち針で固定しようとしても、針が曲がったりずれてしまったりして難しいもの。こういう場合はいきなり縫わずに、ミシンで仮どめをしてから縫いつけます。

1 つけ位置の下辺を、ミシンで縫う。

2 1を折り上げる。アイロンがきかない場合は木づちなどでたたくとよい。

3 ステッチをかけて、でき上がり。

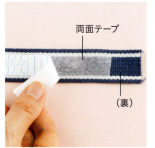

表袋全体に持ち手を縫いつけるようなデザインの場合は、粘着力の強い工作用の両面テープで仮どめを。持ち手の中央、縫い目がかからない部分に両面テープをはり表袋に固定し、片端を縫ったらテープをはがしてもう一方を縫う。

Q おしゃれで強度のあるステッチが知りたい

A 最もよく見かけるのが四角の中にバッテンを描いたステッチ。どんなステッチも、下の辺から縫い始めるとずれにくく、上下の辺を二重にすればしっかりと補強できます。ほかにもいろいろなステッチがあるので参考に（下写真）。すべて一筆書きの要領で縫えます。

縫い始め

縫い始めは全て下辺から。縫い終わりは返し縫いをする。

Q 厚手の持ち手を挟んで縫うと表袋と裏袋の寸法が合わなくなります

A 持ち手の厚みで若干の段差ができ、布がうまく送れなくなることが原因。きちんとまち針でとめ、両手で上手の布を張るように支えて縫います。また、持ち手を仮どめしたほうの布を下にして縫うと、上の布が乗り上げるような形になるので、仮どめした布を上にして縫うとずれにくいです。

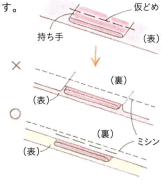

2枚の布で作る持ち手のバッグ → 実物大型紙A面

一見、シンプルなバッグですが、
持ち手やプリーツなどディテールにこだわりがあります。
布の組み合わせで違う雰囲気を楽しめますよ。

表袋はやや厚手の無地、持ち手の裏と見返し、プリーツのひだには表より少し薄手の柄地を使用しました。

2枚の幅を変えた持ち手は、柄が引き立ち、デザインの一部に。中身を入れるとプリーツが開いて柄が見えます。

Lesson2

作り方 ＊わかりやすいように、布と糸の色を変えています。

材料
表布（a、c、底、口布、持ち手A） 70×35cm
表布（b、持ち手B、見返し） 60×35cm

でき上がりサイズ
縦21×横23cm（持ち手含まず）

裁ち合わせ図

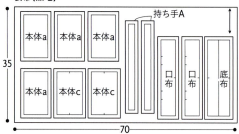

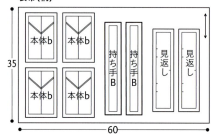

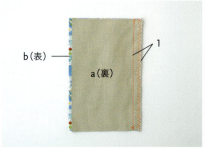

1 aとbを中表に合わせて縫い、2枚一緒に縁かがりミシンをかける。

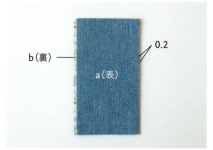

2 表に返してアイロンをかけ、ステッチをかける。

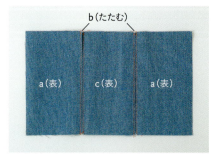

3 同様にしてa→b→c→b→aの順に布をつなぎ、bをたたんでアイロンをかける。

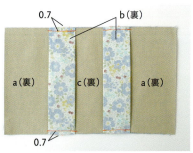

4 裏から見たところ。bの上下の縫い代をミシンで仮どめする。

5 反対側も同様に作り、底布と中表に縫合わせて縁かがりミシンをかけ、縫い代を底側に倒して表からステッチをかける。

2枚の布で作る持ち手のバッグ

6 中表に折って両脇を縫い、2枚一緒に縁かがりミシンをかける。

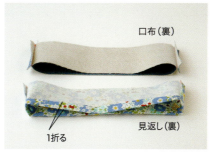

7 口布と見返しをそれぞれ中表に合わせ、両脇を縫って輪にする。縫い代はアイロンで割る。見返しのみ、端の縫い代をアイロンで折っておく。

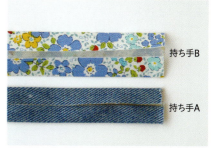

8 持ち手を作る。持ち手A、Bそれぞれでき上がりにアイロンで折る。

9 持ち手A、Bの中心を合わせて重ねる。

10 両側にステッチをかける。もう一枚も同様に作る。

11 本体と口布を中表に合わせ、縫う。

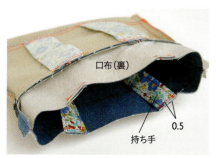

12 縫い代を口布側に倒し、持ち手を仮どめする。

13 口布と見返しを中表に合わせ、バッグ口を縫う。

14 見返しを裏に返し、バッグ口にアイロンをかける。

15 口布の上下にステッチをかけ、表に返す。

Lesson3　　　　　　つまみまち

まち

バッグに立体感を出し、中に入れるもののおさまりをよくするためなどに加えられる部分を「まち」といいます。
フォルムの決め手にもなるので、種類を知っておくとバッグ作りの幅が広がります。

≫ 種類と作り方を知りましょう。

つまみまち

本体を二つ折りにしてまちをつまんで縫う、最もポピュラーな方法。
三角まちとも呼ばれますが、まち幅によっては縫い代をカットしてから縫うこともあります。

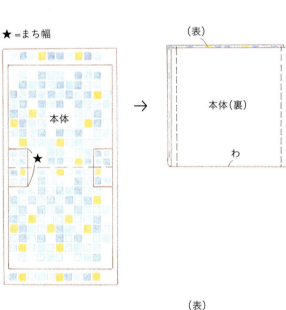

脇を縫ったあとに脇と底中央を合わせ、三角に開いて縫います。薄い布や小さいバッグ向き。三角の縫い代が底の補強にもなります。

でき上がりを外側から見ると、どちらの方法で作っても同じに仕上がります。

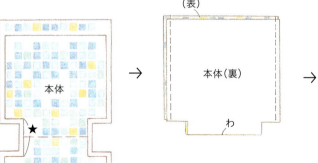
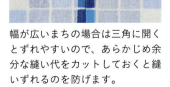

幅が広いまちの場合は三角に開くとずれやすいので、あらかじめ余分な縫い代をカットしておくと縫いずれるのを防げます。

たたみまち

本体を二つ折りにし、さらにまち分を折りたたんで両脇を縫う、簡単な方法。
たたみ方によって見え方が変わります。

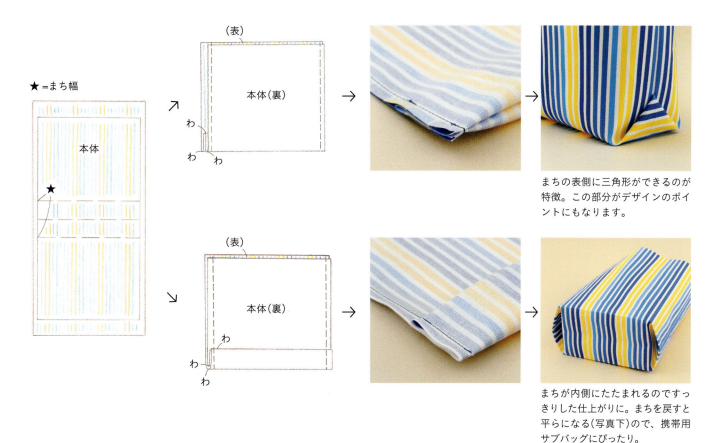

まちの表側に三角形ができるのが特徴。この部分がデザインのポイントにもなります。

まちが内側にたたまれるのですっきりした仕上がりに。まちを戻すと平らになる(写真下)ので、携帯用サブバッグにぴったり。

Q キルティング地で作るとまちにしわが寄ってしまいます

A キルト芯を挟んだ2枚の布が縫いずれやすく、しわやタックのようになりがちです。裁断したら裁ち端にほつれ止めのミシンをかけておきますが、さらにでき上がり線の近くにもう1本ステッチをかけて上下の布を固定するとずれにくくなります。

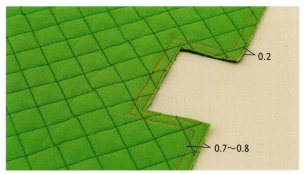

裁ち端から0.2cmの所にほつれ止めミシンをかけ、0.7〜0.8cmの所にずれ止めミシンをかける(縫い代1cmの場合の例)。

Lesson3

脇まち

まちを本体と続けずに、切り替えて縫い合わせる方法。
まち幅は同じでも、形を変えると表情が変わります。

四角い脇まちは、かっちりと端正な印象になります。張りのある布を使うとより効果的。

やわらかくてかわいい印象の丸いまち。角がないのでフェミニンな雰囲気のバッグに。

Q まちの角がきれいに作れません

A 角の位置がずれてしまうと、仕上がりがゆがんでしまうことも。一気に縫うのではなく、まず底側の1辺を縫い、角の位置をきちんと合わせて残りを縫うようにします。薄手の布のほうがずれやすく、ゆがみが目立つので慎重に。

1 まちと本体を中表に合わせ、まち（ここでは黄色い布）を見ながら底部分のでき上がり線を縫う。

2 1を裏返し、本体（青い布）の縫い代にのみ切り込みを入れる。ミシン糸を切らないように、布の織り糸1〜2本手前までが目安。

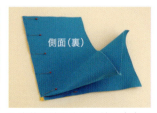

3 本体の脇をまちの脇と中表に合わせてまち針でとめる。

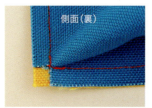

4 今度は切り込みを入れた本体（青い布）を見ながら縫う。布がたまらないように角の位置をきちんと合わせること。

5 反対の脇も同様に切り込みを入れて縫う。

6 表に返したところ。本体とまちの角の位置が合っていると仕上がりがきれい。

通しまち

両脇のまちを、底も含めたひと続きの布でまちをつける方法。
本体でフォルムを保てるので形が安定したバッグに仕上がります。

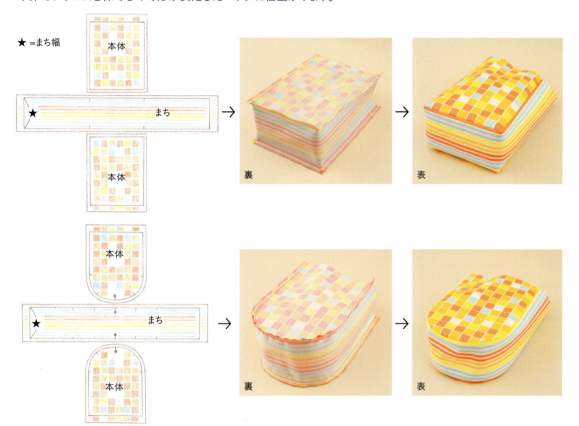

脇まちと比較すると、まちと本体の関係を逆転させたような構成。エッジが際立つ仕上がりになります。

本体の形がデザインの決め手に。丸みの大きさで印象が変わり、デザインの幅が広がります。

Q 縫い代の始末はどうしたらいいの？

A 裏袋をつけるときは縫い代の始末は不要。一枚仕立ての場合は縁かがりミシンが手軽ですが、バイアステープでくるんで始末すると丈夫でワンランクアップした仕上がりになります。

バイアステープでくるむ

ぐっと立派なバッグに見えます。柄ものや違う色のテープを使うと、縫い代の始末もデザインの一部に。

縁かがりミシン

ジグザグミシンやロックミシンをかけるだけですが、ほつれやすい布には不向き。2枚一緒に始末すると丈夫になります。

Lesson3　　まちの始末

≫ バッグ口の仕立て方は2種類あります

1 まちを縫い合わせてから折り返して始末

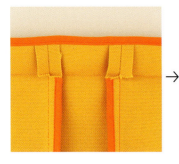 →

まちと本体の縫い代が折り代に隠れるのですっきりと仕上がります。縫い代を片倒しにすると厚みが出てしまうときは、折り代部分の縫い代のみ割りましょう（写真左）。

2 バッグ口を始末してからまちを縫い合わせる

まちと本体の口側を始末してから縫い合わせ、脇の縫い代の始末をします。バッグ口まで、まちの形がはっきりと出るのが特徴。作りたいイメージで使い分けて。

Q カーブをきれいに縫う方法を教えてください

A まず印をきちんと合わせ、まち針でとめること。カーブにまちを沿わせにくい場合は縫い代に切り込みを入れます。カーブが小さいほど縫いにくいので、そのような場合は縫い代幅を少し狭く（0.7cm）すると沿わせやすくなります。

1 まちと本体を中表に合わせ、合い印を合わせながらまち針でとめます。

2 このように布端がずれてしまう場合は切り込みを入れる。

3 切り込みは縫い代幅の半分くらいまで。間隔は0.5cmを目安に。細かく入れるほうがカーブになじむ。

4 まちと本体を縫い合わせたところ。

5 まちがカーブにぴったり合っている。

6 表に返したところ。縫い代に切り込みを入れると、そこからほつれてくることもあるので、補強のためにも縫い代は2枚一緒にバイアステープなどで始末する。

脇まちのバッグ → 実物大型紙A面

脇まちは、まち自体の形も四角以外にいろいろと工夫でき、挟み込むだけの簡単なポケットも作ることができます。写真は素材にポップな印象のラミネートを使用。

切り替えのまちを、デザインポイントにしたワンハンドルのバッグ。

しもぶくれがかわいい涙形のまち。バッグ口にタックをたたんでさらに立体感を出し、ポケットを挟み込んで使い勝手をよくしました。

脇まちのバッグ

Lesson3

作り方 *わかりやすいように、布と糸の色を変えています。

材料
表布（本体、持ち手B）　35×55cm
表布（まち、ポケット、持ち手A）
　　40×40cm
バイアステープ（幅12.7mmの両折）
　　2m
フェルト（または接着芯）　25×10cm

でき上がりサイズ
縦25×横23cm（持ち手含まず）

＋作り方のポイント
ラミネートは熱に弱いのでアイロンはかけられません。そのためバッグ口には接着芯を使わずフェルトで補強しています。低温接着できる芯があればそれでもOK。他の素材で作る場合は普通のアイロン接着芯でも大丈夫です。

裁ち合わせ図

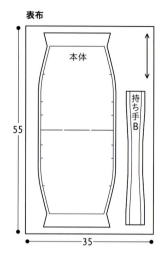
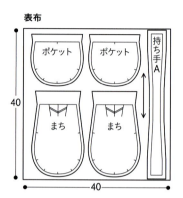

1 本体のバッグ口の縫い代にフェルトを縫いつけ、ソフトに厚みを持たせて補強する。アイロンができる素材ならアイロン接着芯でも可。

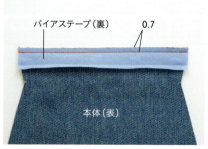

2 縫い代の裁ち端とバイアステープを中表に合わせて縫う。

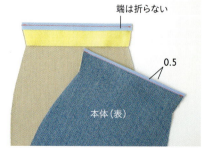

3 バイアステープを裏に返し、表から縫う。

脇まちのバッグ

4 バッグ口をでき上がり線で折って、ステッチをかける。

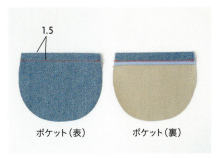
5 ポケット口をバッグ口と同様に始末する（フェルトや接着芯は不要）。

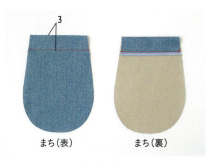
6 まちのバッグ口を本体のバッグ口と同様に始末する（フェルトや接着芯は不要）。

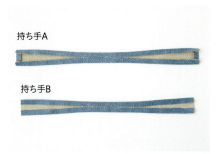
7 持ち手A、Bをそれぞれアイロンででき上がり線で折る。

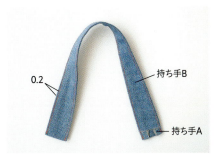
8 持ち手A、Bを外表に合わせ、両側を縫う。

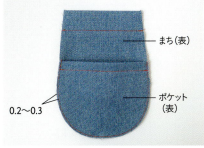
9 まちにポケットを重ね、周囲をミシンで仮どめする。

10 まちを中表に折って、タックを縫う。もう一方も同様。

11 まちに持ち手を縫いつける。持ち手のステッチのかけ方は14ページを参照。

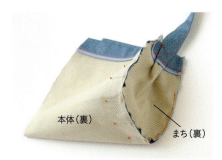
12 本体とまちを縫い合わせる。カーブはずれやすいのでまち針でとめてから縫う。まち針で不安な場合はしつけをする。

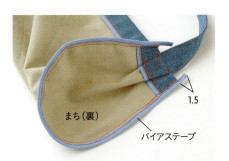
13 本体とまちの縫い代をバイアステープで始末する（43ページ参照）。バイアステープは両端を1.5cmほど縫い流しておく。

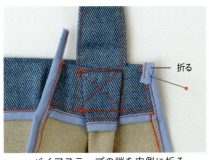
14 バイアステープの端を内側に折る。

15 縫い代をまち側に倒し、表からステッチをかけてとめる。

Lesson4

ファスナー 1

バッグの口

バッグの口はそのままでももちろんいいのですが、
ファスナーやホックで閉じてあると安心です。
ファスナーのほかにおすすめの「バッグの口を閉めるアイテム」も紹介します。

≫ ファスナーのつけ方を2種類マスターしましょう

1 テープを隠す（務歯を見せる）つけ方

バッグの口をファスナーのテープに重ねて縫う、一般的なつけ方。きちんと印つけをすることと、
ミシンの押さえ金を「片押さえ（ファスナー押さえ）」に替えるのがポイントです。

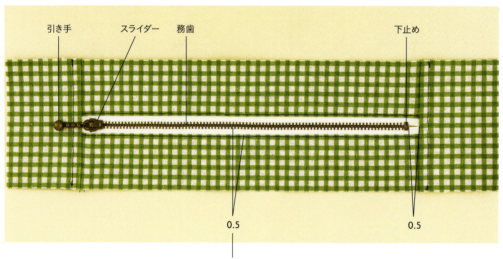

引き手　スライダー　務歯　　　　　　　　　下止め

0.5　　　　0.5

ファスナーのサイズにもよりますが、務歯の中心から0.5cmが目安。スライダーが無理なく通過できる幅です。

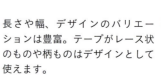

0.5　上止め

上止めから0.5cmほどあけるとスライダーのおさまりがいい。

長さや幅、デザインのバリエーションは豊富。テープがレース状のものや柄ものはデザインとして使えます。

1. 2枚のファスナーがつく位置の裏にそれぞれ伸び止めテープをはり、縁かがりミシンをかけておく。

2. 布とファスナーに合い印をつけて縫いずれを防ぐ。

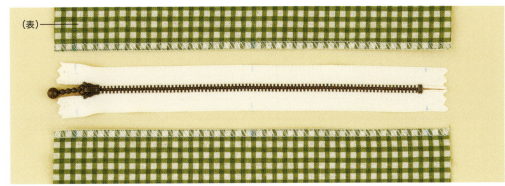

3. 縫い代を折り、印を合わせてファスナーの上に重ねる。務歯の中心から0.5cmの位置に折り山を合わせる。

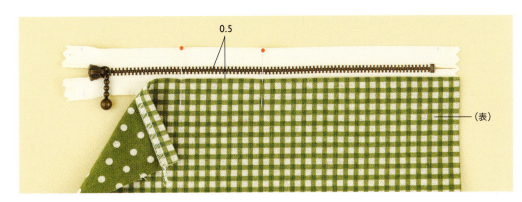

4. 折り山のきわをミシンで縫う。ミシンの押さえ金を片押さえに替え、務歯を避けながら縫う。反対側も同様に。

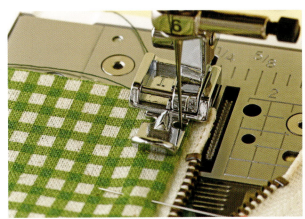

片押さえ(ファスナー押さえ)はファスナーつけの必需品。ミシンの付属品になっていることが多い。

Lesson4

ファスナー 2

2 テープを見せるつけ方

プリント柄やレースなど、デザイン性のあるファスナーを生かすつけ方。
バッグ口にファスナーを重ねて縫います。印つけと押さえ金を替えるポイントは、テープを隠すつけ方と同様。

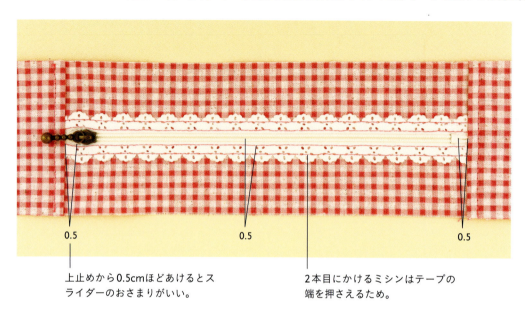

0.5　　0.5　　0.5

上止めから0.5cmほどあけるとスライダーのおさまりがいい。

2本目にかけるミシンはテープの端を押さえるため。

1 「テープを隠すつけ方」同様、口側に伸び止めテープを貼り、縁かがりミシンをかけ、印をつける。1本目のミシンをかける（縫い代1cmの場合）。

2 縫い代を折り、2本目のミシンをテープ端にかける。反対側も同様に。

裏布をつける
ファスナー

裏布をつける場合は…

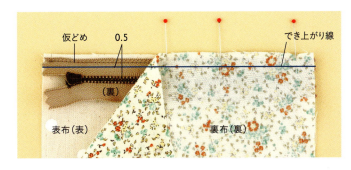

1 表布とファスナーを中表に合わせてミシンで仮どめをする。裏布を中表に重ねてまち針でとめる。

2 全部を一緒に縫う(縫い代1cmの場合)。

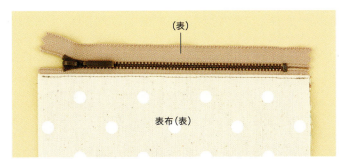

3 表に返し、口側のきわをミシンで縫う。もう片方も同様に。

Q ファスナーの端をきれいに始末したい

A まちのないフラットなバッグやポーチにつける場合は、両端の余ったテープ部分のおさまりが悪いことも。脇の縫い代にかからないように折っておくとすっきりと仕上がります。

1 ファスナーのテープ端を折ってしつけをし、表から縫いつける。

ファスナーの上止め、下止めはどちらもでき上がり線から0.5cmあける。

2 中表に合わせて両脇を縫い合わせる。

3 表に返してでき上がり。

Lesson4　マグネットホック

マグネットホック

手軽につけられるのに本格的な仕上がりになる、磁気の留め具です。縫いつけるタイプと差し込むタイプの2種類があります。

本体につける

見返し部分や裏布に直接縫いつけます。

別布につけてからつける

布やテープなどにつけて、それを本体に縫いつける。穴をあける差し込みタイプのつけ位置を間違えてもつけ直しがきくのがメリット。

タブにつける

テープや布で作ったタブにつける。ぴったりさせずゆとりをもって閉めたいときに。

差し込むタイプ　縫いとめ不要で糸が見えず、すっきりと仕上がります。

1 切り込みを入れるので、補強のためとほつれ止めに裏に接着芯を貼る。座金を当てて足を通す位置に印をして切り込みを入れる。

2 表から足を通し、座金をはめて、足を内側（または外側）に曲げる。

3 でき上がり。凸側も同様につける。

縫いつけるタイプ　バッグを仕上げたあとにつけることができ、かがる糸を目立つものにすると、デザイン的にも遊べます。

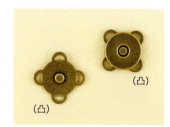

1 スナップをつける要領でかがる。糸をすくって輪になった部分に針を通す。

2 1針ごとに糸を引き、それを繰り返す。

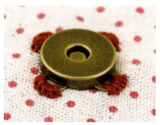

3 でき上がり。凸側も同様につける。

ボタン＋ループ

ボタンホールではなく、ループを作ってボタンにかけてとめます。ループがはずれないよう、ループに合わせたボタンつけをしましょう。

糸で作るループ

ボタンつけ糸や刺しゅう糸、毛糸などを編む方法。

ひものループ

市販のひもを使うので最も簡単。半端に余っているひもの活用にも。

布で作るループ

布を縫い返して作ります。本体と同じ布で作るとなじみもよく、しっかりします。

糸ループの編み方

1 布をすくって輪を作る。

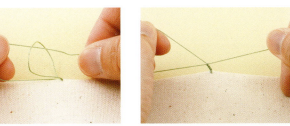

2 輪の中に糸を通して左右に引き締める。鎖編みの要領で繰り返す。

3 数目できたところ。希望の長さになったら輪に針を通してとめ、そのまま布をすくって縫いとめる。

ボタンのつけ方

1 ループがおさまるだけの糸足が必要なので、ボタンを浮かせ気味にしながら糸を通す。

2 糸を巻きつけて糸足を作る。ループの厚みにより糸足の長さは変わる。

布のループの作り方

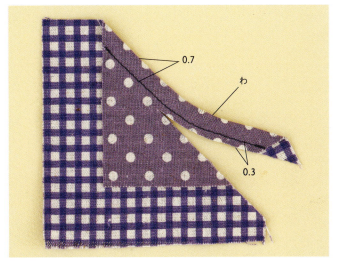

布をバイアスにして中表に折って0.6〜0.7cm幅に縫い、カットする。ループ返しや針と糸を使って表に返す。

Lesson4

バニティバッグ →実物大型紙B面

ファスナーを2本使って、
使いやすい円筒形のバニティバッグに。
ハンドバッグとしても
活躍してくれます。

筒状の曲線にファスナーが
ついていますが、つける位置は直線です。スライダーが2つついたファスナーの代わりに2本を使って両方に開くようにしました。

表布は張りのある綿麻、裏布はかわいい小花柄を。縫い代はバイアステープですっきりと始末します。

バニティバッグ

作り方
*わかりやすいように、布と糸の色を変えています。

材料
表布　85×25cm
裏布　85×25cm
接着キルト芯　35×20cm
20cmファスナー　2本
バイアステープ（幅12.7mmの両折）95cm
持ち手用テープ（2cm幅）60cm

でき上がりサイズ
直径約14×高さ14cm（持ち手含まず）

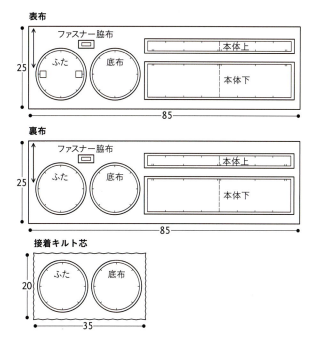

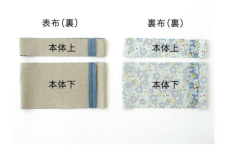

1 本体を中表に合わせて脇を縫い、輪にする。表布、裏布のそれぞれ本体上、本体下を同様に作る。

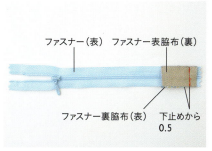

2 ファスナー2本をファスナー脇布でつなぐ。まず、1本のファスナーの下止め側に脇布2枚を中表に合わせて挟み、縫う。

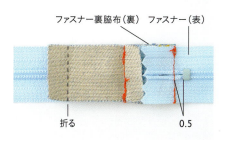

3 裏脇布にもう1本のファスナー下止め側を縫う。

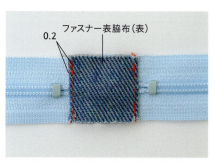

4 表脇布の縫い代を折って3の縫い目に合わせ、ステッチをかけてとめる。

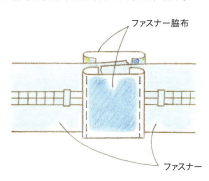

2枚の脇布でファスナーをつなぐ形になる。

Lesson4 バニティバッグ

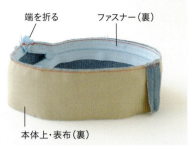

5 ファスナーを表布の本体上と中表に合わせ、仮どめをする。

ファスナーの端は折り上げ、縫い代内にとめる。

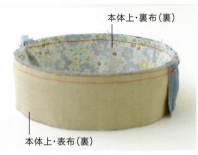

6 5に裏布の本体上を中表に合わせて縫う。

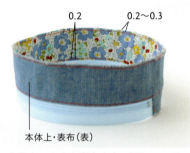

7 本体上の表布と裏布を表に返し、ステッチをかける。ふた側の縫い代は表布と裏布の端を合わせて縫っておく。

8 本体下も同様にファスナーを縫う。

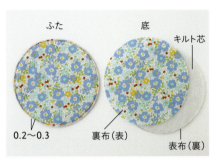

9 ふたを作る。表布は裏面に接着キルト芯をはり、裏布と外表に合わせ、周囲をミシンで仮どめする。底も同様に作る。

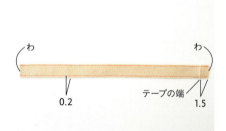

10 持ち手を作る。テープを折り、端はふたに縫いつけたときに隠れるようにずらして突き合わせる。

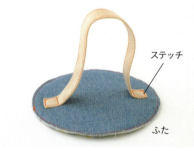

11 ふたに持ち手を縫いつける。

12 本体上とふたを中表に縫い合わせる。ファスナーと持ち手の向きに注意して合印を合わせる。

13 本体下と底を同様に縫い合わせる。このとき、ファスナーは少し開けておく。縫い代はバイアステープで始末する(43ページ参照)。

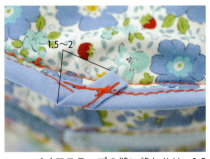

14 バイアステープの縫い終わりは、1.5〜2cm長めに縫い流して切り、始末した上に重ねて折って縫いとめる。

15 ファスナー口から表に返し、形を整える。

Lesson5

ポケットの種類

ポケット

ポケットはバッグの使い勝手を左右する存在でもあります。
使いやすいように好きな大きさのポケットを
つけられるのは手作りの醍醐味です。

>> タイプの違う、5種類のポケットの作り方をマスターしましょう。

A パッチポケット

縫い代を折って布の表に縫いつける、最も簡単でフラットなはりつけポケット。

B 別布まちのポケット

まちを別布で切り替えて作る立体的なポケット。布の組み合わせも楽しめます。スマホ入れ用にバッグ口近くにつけると便利。

C 続きまちのポケット

1枚の布で作る立体ポケット。入れたいものの厚みによってまち幅を変えることもできます。フラップをプラスしました。

D 吊りポケット

別に作ったポケットを、見返しやバッグ口の縫い代に挟み込んでつけます。裏袋がない一枚仕立てでもつけられる内ポケット。

E ファスナーつき切りポケット

切り込みを入れて中に袋布をつけるので、鍵などの大事なものの収納に。ファスナーもデザインのポイントになります。

パッチポケット
別布まちのポケット

Lesson5

A パッチポケット

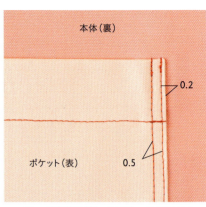

1 4辺に縁かがりミシンをかけ、ポケット口の縫い代を中表に折って両端を縫う。先にポケット口の両端を始末しておくと、口から縫い代が見えなくてきれいに仕上がる。

2 1を表に返し、ポケット口にステッチをかける。残り3辺の縫い代をアイロンで折る。

3 バッグ本体に縫いつける。ここではしっかりと強度が出るダブルステッチに。

B 別布まちのポケット

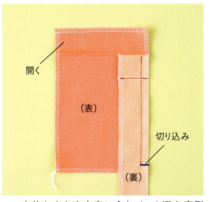

1 ポケット本体、まちそれぞれの4辺に縁かがりミシンをかけ、口の縫い代をアイロンで折る。まちの口はステッチをかける。

2 本体とまちを中表に合わせ、1辺を底側のでき上がり位置まで縫う。まちに切り込みを入れる。

3 同様に残り2辺を、角がずれないように1辺ずつ縫う。

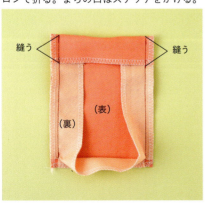

4 本体のポケット口の縫い代を中表に折って両脇を縫う。

5 4を表に返し、ポケット本体の口にステッチをかけ、まちの縫い代をアイロンで折る。

6 バッグ本体に縫いつける(縫いつけ方はポケットC参照)。

*わかりやすいように、布と糸の色を変えています。

C 続きまちのポケット

1 4辺に縁かがりミシンをかけ、ポケット口の縫い代をでき上がりに折ってステッチをかける。

2 まち部分を中表に合わせて、でき上がり位置まで縫う。

3 反対側も同様に縫い、表に返して形を整える。

4 折り線をつまんできわにステッチをかけると形がしっかりと出る。続けて縫わずに、1辺ずつ縫う。

5 3辺にステッチをかけたところ。

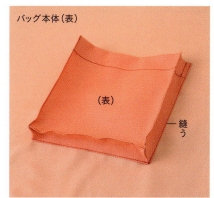

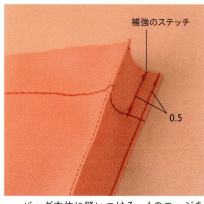

6 バッグ本体に縫いつける。4のエッジを縫ったときと同様、1辺ずつ縫う。ポケット口は補強のステッチを入れる(ポケットBは小さく、まち幅が狭いので補強ステッチは省略)。

フラップの作り方

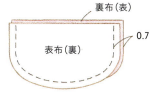

1 フラップ2枚を中表に合わせて縫う。

2 表に返し、ステッチをかける。

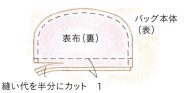

3 本体のつけ位置に縫いつけ、縫い代を半分にカットする。

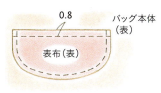

4 3を折り、ステッチをかけてとめる。

Lesson5

吊りポケット

D 吊りポケット

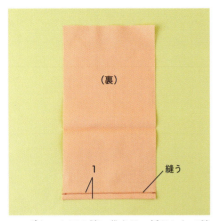

1 ポケット口の縫い代を三つ折りにして縫う。※布に表裏がある場合は底で切り替えて、吊り部分とポケット部分、両方表にする。

2 底の位置で折り上げ、両脇をミシンで仮どめする。

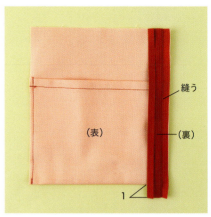

3 脇をバイアステープで始末する。バイアステープを中表に合わせて縫う。

4 バイアステープを返して端をくるみ、底側を折り込んで縫う。もう片方も同じように始末する。(バイアステープの縫い方は43ページも参考に)

Q 力布は必要ですか?

A ポケットを使うとき、ポケット口を縫いつけた本体の布に負担がかかるので、補強のため口の両端の裏に力布をつけることがあります。バッグ本体の布が丈夫であれば力布がなくても問題ありませんが、ポケットの使用頻度が多い場合や、より丈夫にしたい場合は力布をつけます。一般的に接着芯(裏袋がつく場合)や共布を使いますが、ほつれにくく扱いやすいフェルトもおすすめ。両面接着芯で仮どめして縫うとずれなくて安心。

裏に力布を当て、表からポケットを縫いつける。大きさの目安は写真のとおり。つけ始めの返し縫いをする位置に必ず力布がかかるようにする。

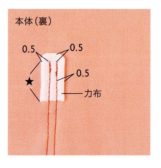

ファスナーつき切りポケット

E ファスナーつき切りポケット

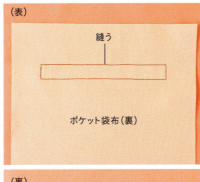

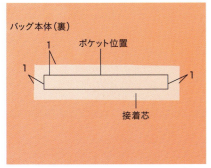

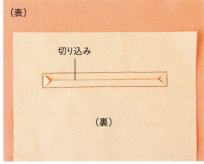

1 バッグ本体の裏に接着芯を貼る。ポケット位置より1cm大きめにする。

2 バッグ本体の表に、ポケット袋布を、印に合わせて中表に置き、ぐるりと四角に縫う。

3 写真のように、2枚一緒に切り込みを入れる。

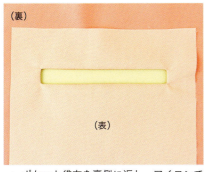

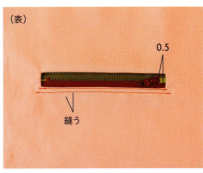

4 ポケット袋布を裏側に返し、アイロンで口まわりの形を整える。

5 バッグ本体をファスナーの上に重ね、ポケット口の下辺に2本ステッチをかけてファスナーを縫いとめる。

6 ポケット袋布を二つに折る。

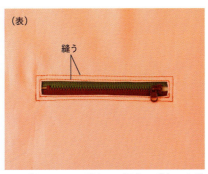

7 両脇を縫い、縫い代をバイアステープで始末する(ポケットD参照)。

8 ポケット口の残りの3辺を、ポケット袋布まで通して2本ずつ縫いとめる。

9 裏から見たところ。ポケット袋布の上は見返しで挟まれるので、端の始末はしなくてOK。

Lesson5

ポケットいっぱいバッグ →実物大型紙A面

ポケットは全部つけてもいいし、
必要なものだけでも、増やしてもOKです。
自分だけのオリジナルポケットをつけて、
楽しんでください。

表布には厚手のキャンバスを使用。裏袋のない一枚仕立てでもしっかりと自立するので使い勝手もよくなります。

ファスナーつきや、まちのあるポケットがつくと、バッグ全体がリッチな印象にランクアップします。

ポケットいっぱいバッグ

作り方 ＊わかりやすいように、布と糸の色を変えています。

材料（用尺はポケットをすべてつけた場合）
表布　75×80cm
裏布（持ち手裏布、見返し、ポケットA、
　ポケットBまち、ポケットCフラップ裏布）　60×65cm
袋布（ポケットD、ポケットE）　40×35cm
接着芯　16×5cm
力布用フエルト　10×10cm
12cmファスナー　1本
バイアステープ（幅12.7mmの両折）　2m

できあがりサイズ
縦32×横36cm、まち幅12cm（持ち手含まず）

裁ち合わせ図

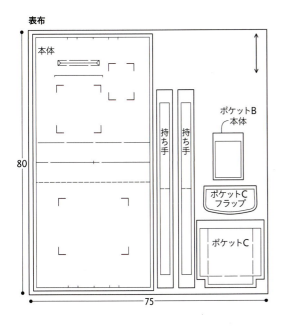
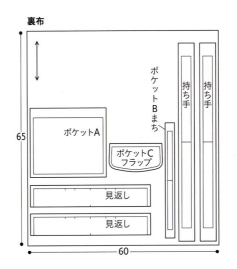
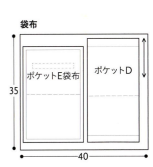

本体の作り方（ポケットは36〜39ページ参照）

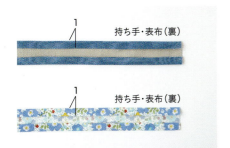

1 持ち手表布、裏布をでき上がりにアイロンで折る。

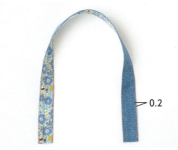

2 1を外表に合わせて両側を縫う。

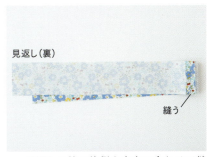

3 見返しの脇の片側を中表に合わせて縫い、縫い代を割る。

Lesson5

ポケットいっぱい バッグ

4 縫い代の端をバイアステープで始末する（43ページ参照）。

5 もう一方の脇を中表に合わせて縫い、輪にする。縫い代は割る。

6 本体（ポケットはあらかじめつけておく）を中表に折る。底のまちを折りたたみ、脇を縫い、「たたみまち」（解説は19ページ参照）を作る。

7 脇の縫い代をバイアステープで始末する（43ページ参照）。バッグ口の縫い代分は、始末せずにおく。底は縫い流したバイアステープを折り上げてミシンでとめる（写真上）。

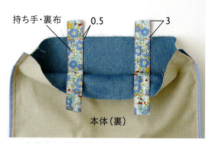

8 本体表に持ち手を仮どめする。

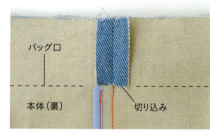

9 本体脇の縫い代、バッグ口になる位置に切り込みを入れ、アイロンで割る。こうすると見返しをつけたときに厚みが均等になる。

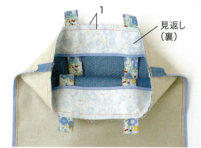

10 見返しを本体と中表に合わせ、バッグ口を縫う。

11 表に返してバッグ口にアイロンをかける。Dの吊りポケットをつける場合はここで挟み込んでから、バッグ口にステッチを2本かけてとめる。持ち手の縫い代がある位置に補強ステッチを入れる（縫い方は14ページ参照）。

12 でき上がり。

バイアステープの始末

バイアステープ始末の仕方

バッグの縫い代始末には、バイアステープがよく使われます。布の裁ち端が隠せて見た目にすっきり、形もしっかり保てる始末です。

折り目
0.1 縫い代側を縫う
バイアステープ（裏）

1 バイアステープの一方の折り目を開き、縫い代端にそろえて合わせる。折り目より0.1cm縫い代側を縫う。

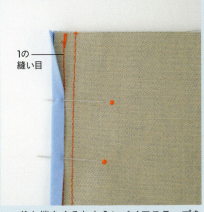

1の縫い目

2 裁ち端をくるむようにバイアステープを反対側に返し、まち針でとめる。1で縫った縫い目の上に折り目が重なるようにする。まち針で不安なときはしつけをする。

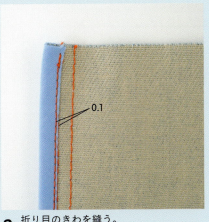

0.1

3 折り目のきわを縫う。

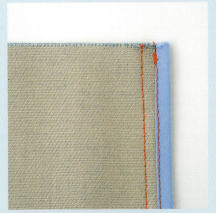

反対側から見たところ。たとえバイアステープから縫い目が落ちてしまっても、一度縫ってあるので問題はない。

端の始末は…

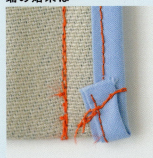

見えにくい箇所はすっきり仕上がるように、テープを1.5～2cm余分に縫い流し、端を折ってミシンで縫いとめる。

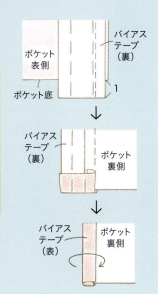

吊りポケットの脇や、バッグ口から見えるまちの縫い代などはテープの裁ち端が見えないように折り込んでから縫う。

ポケット表側　バイアステープ（裏）
ポケット底
バイアステープ（裏）　ポケット裏側
バイアステープ（表）　ポケット裏側

Lesson6

タック

タックとギャザー

容量を増やしてやわらかいフォルムになり、デザインのバリエーションをぐんと広げてくれるタックやギャザー。
きれいにできなくて苦手…という人は、きちんと印をつけることから始めてみて。

≫ それぞれの縫い方をマスターしましょう

タック

布をたたみ、ひだを作る方法です。すっきりとしたシルエットに仕上がります。
まずは型紙の印を理解しましょう。印は表から見た状態での指示になっています。

片倒し

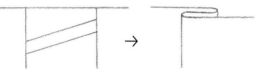

突き合わせ

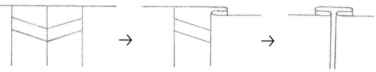

一方向にたたむタック。型紙ではタックの印は2本の斜線で表され、斜線の高いほうから低いほうへとたたみます。

両側から中心に向かってたたむタック。片倒しと同様に斜線の高いほうから低いほうにたたみます。

Q 印をつけてもたたむとずれてしまいます

A 布の表を見てたたむので、印を表の縫い代につけるとわかりやすく（写真左）ずれにくいです。また、チャコペンよりもノッチ（縫い代に0.3〜0.4cmの切り込みを入れて印にすること）のほうがぴったりたためておすすめです（写真右）。

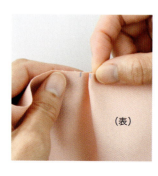
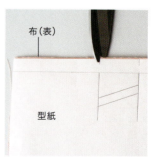

ギャザー

タックの縫い方

1 型紙どおりに印をつけます。※片倒しの場合の例

2 タックをたたみ、まち針でとめます。

3 縫い代部分にミシンをかけ、仮どめをします。このあと別布と縫い合わせたり、バイアステープでくるむなどの始末をします。

ギャザー

やや粗めに縫った糸を引き、布を縮めて細かいひだを作る方法。
ふんわりとかわいらしい雰囲気になります。ギャザーを寄せる分量で布の表情が変わります。

型紙ではギャザーは波線で表されます。印から印の間をギャザーででき上がりの寸法に縮めます。

でき上がり寸法×1.5

でき上がり寸法×2

でき上がり寸法×2.5

ギャザー分量による違い。
布の厚みでも印象が変わるので、自分でバッグをデザインする場合、実際に使用する布の端を縮めてみて決めるといいでしょう。

Lesson6

ギャザーの縫い方

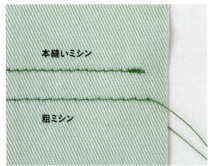

1 粗ミシンをかけます。ミシン目は布の厚みによりますが、本縫いの1.5〜2倍が目安(例：本縫いが0.2cmなら粗ミシンは0.3〜0.4cm)。ぐし縫い(手縫い)でも可。

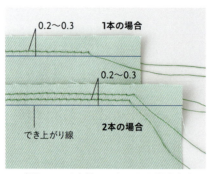

2 粗ミシンは本縫いでしっかり押さえられるでき上がり線に近い縫い代にかけます。でき上がり線から0.2〜0.3cmが目安。1本か2本かは、布のおさまりがいいほうで。2本のほうがよりしっかり固定でき、バイアステープでくるむ場合は縫い代がしっかりして始末しやすくなります。

3 糸を引いて布を縮めます。上糸、下糸どちらでもいいですが、引いた側のほうがきれいにひだが出るので、表側の糸を引くのがおすすめ。糸を引くときは端を持たずに根元を持ち、持ち替えながら少しずつ引きます。

4 でき上がりの寸法になるまで縮め、はぎ合わせる布や型紙を置いて合い印に合わせ、アイロン台にまち針で固定してギャザーを均等に整えます。

5 縫い代にアイロンをかけて落ち着かせます。ギャザーが動きにくくなるので、このあとの作業がしやすくなります。

Q 厚手の布にギャザーを寄せるには？

A あまりに厚い布にはギャザーは向きませんが、少し厚い程度なら引くほうの糸に厚地用の30番を使ってみてください。強く引いても切れにくく縫い代も安定します。

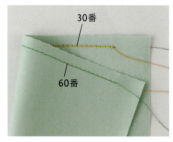

Q ギャザーが均等になりません

A 寸法が長くなるほど合い印が必要です。型紙に印がない場合には自分で合い印を作りましょう。縫い合わせる布(またはバイアステープ)と、ギャザーを寄せる側の布、それぞれ均等に割って印をつけます。

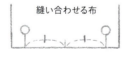
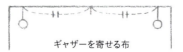

タックとギャザーのバッグ →実物大型紙B面

同じサイズで、タックとギャザーのバッグを作りました。
どちらもデザイン要素とともに収納量が増し、
布の陰影が表情豊かに見せてくれます。

左がタック、右がギャザー。一枚仕立てにしました。ハンカチと携帯をちょっと持ち歩くのに便利なミニバッグです。

バッグ口はボタンと糸ループで閉めます。持ち手は市販の織テープを使用。共布で作るより工程が少なくなるので手軽です。

Lesson6

作り方 *わかりやすいように、布と糸の色を変えています。

材料(タック、ギャザー共通)
表布　60×25cm
持ち手用織りテープ(2.5cm幅)　40cm
バイアステープ(バッグ口用・幅2cmの両折)　35cm
バイアステープ(縫い代始末用・幅12.7mmの両折)　85cm
ボタン(直径1.5cm)　1個
伸び止めテープ(0.9cm幅)
　35cm(ギャザーのみ)

でき上がりサイズ
縦14×横16cm、まち幅3.5cm(持ち手含まず)

＋作り方のポイント
型紙はタックかギャザーかを選んでください。でき上がりのサイズは同じです。作り方は、最初のギャザーまたはタックを作る部分が違うだけで、あとはすべて共通です。

裁ち合わせ図

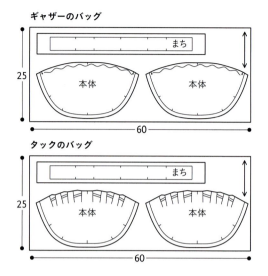

ギャザーの場合

1 46ページを参照して本体のバッグ口にギャザーを寄せ、でき上がりを15cmに縮める。縫い代にアイロンをかけて落ち着かせ、伸び止めテープをはって固定する。

2 ギャザーまたはタックをたたんだバッグ口を2cm幅(両折)のバイアステープでくるむ(43ページ参照)。

タックの場合

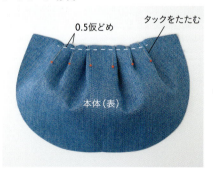

1 型紙の印どおり(44ページ参照)にタックをたたみ、まち針でとめ、縫い代にミシンで仮どめをする。

タックとギャザーの バッグ

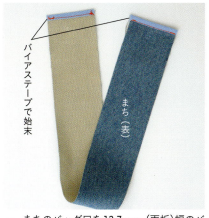

3 まちのバッグ口を12.7mm（両折）幅のバイアステープで始末する(43ページ参照)。

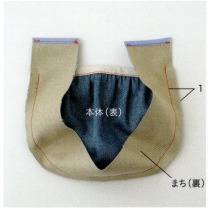

4 本体とまちを中表に合わせて縫う。

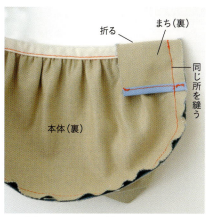

5 まちのバッグ口を折り、4と同じ所を縫う。

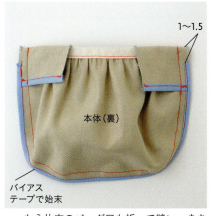

6 もう片方のバッグ口も折って縫い、まちのバッグ口の縫い代に隠れる所までバイアステープで始末する。

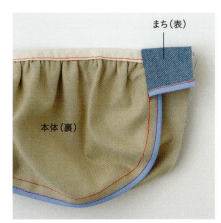

7 表に返す。

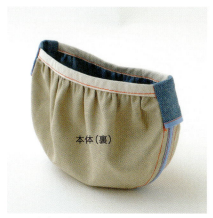

8 反対側の本体とまちも同様に縫い合わせる。

9 まちに持ち手にするテープを縫いつける。テープの端は、横糸を目打ちで抜いてほぐす。

10 本体のでき上がり。

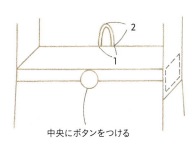

11 バッグ口の中央にボタンをつけ、糸でループを作る(31ページ参照)。

Lesson7

裏布の選び方

裏布

表布に芯を貼った場合、あるいは一枚仕立てでは頼りない場合は、補強として裏布をつけます。
見えないようで意外に存在感もあり、
バッグを使うときの楽しみにもなります。

≫ まずは布を選びましょう

裏布に使う布は、引っかかりやすい表面のものや、
レースなどの繊細なものは避けたほうが無難です。
あとは表布とのバランスで考えましょう。

厚みの違う裏布をつけてみました

厚みによって見え方が変わるので、3種類のコットン地で比べてみました。表布には中厚のオックスを使用、芯ははっていません。

表布より薄い布

ブロードを使用。表布の補助的な役割になります。表布に芯をはったときは、やや薄めを選ぶとバランスがいいです。

表布と同じ厚みの布

オックスを使用。同等の力でお互いに支え合う仕上がりです。リバーシブルに作りたいときは同じ厚みにすると違和感がありません。

表布より厚い布

11号帆布を使用。裏布が表布を支えて形を保ち、しっかりと仕上がります。表、裏ともに張りのある感じです。

裏布のつけ方

>> 裏布のつけ方は大きく分けて2種類あります

表袋・裏袋を別々に作るタイプ1

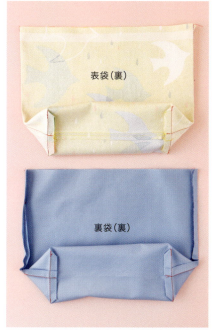

表袋と裏袋をそれぞれ作り、中表に合わせて縫い、表に返す方法。

↓

詳しくは53ページからの「裏布つきのトートバッグ」参照

表布と裏布を一緒に縫うタイプ2

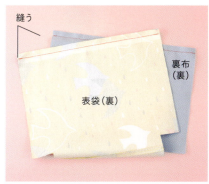

1 表布と裏布を中表に合わせ、口側を縫う。

2 表に返してアイロンで口側を整え、ステッチをかける。表布と裏布をそのまま外表に合わせ、両脇をミシンでとめる。

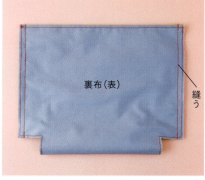

3 表布を中表に合わせ、脇を縫う。

4 脇の縫い代をバイアステープ(43ページ参照)で始末する。

5 まちを縫い(18ページ参照)、脇と同様にバイアステープで始末する。

Lesson7

裏布 Q&A

Q 裏布がダブつくのですが、少し小さめに作ったほうがいいのでしょうか?

A 同寸が基本です。裏袋を小さく作ると表袋がひきつれて形が崩れてしまいます。作る前の水通しなども表布と裏布は同じようにしてください。ダブつきがどうしても気になる場合は、51ページの「表布と裏布を一緒に縫うタイプ」で仕立ててみてください。

タイプ1

仕立てると裏袋が余るような気がしますが、これは必要なゆとり。

タイプ2

最後にバイアステープで縫い代を始末する方法は、比較的すっきり仕上がります。

Q 裏布に接着芯をはってもいい?

A 表布に接着芯をはりたくない・はれない場合は、裏布にはることもあります。おすすめは表にひびきにくく、自立しやすい接着キルト芯。ふっくらとしたバッグになります。

接着キルト芯を裏布にはったもの。中に入れるものの保護にもなる。

Q 厚地の裏布をきれいに作るには?

A 帆布などの厚地を裏布にする場合は、裏袋の脇の縫い代を片倒しにすると厚みが出すぎるので、アイロンで割ります。表に返したあと、薄地の場合は「縦まつり」でとじますが、割った場合は「コの字とじ」にします。

縦まつり

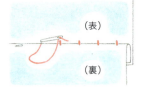

コの字とじ

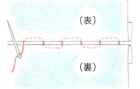

裏布つきのトートバッグ →実物大型紙B面

表袋と裏袋を別々に作るタイプのバッグです。
まちは「つまみまち」（18ページ参照）。
タブと持ち手がアクセントになっています。

表布はオックスに接着芯を
はって補強し、裏布はブ
ロードを使用しました。

マグネットホックに、合皮
の持ち手をつけて、小さく
ても本格的な作りに。

Lesson7

作り方 ＊わかりやすいように、布と糸の色を変えています。

材料
表布　65×30cm
裏布　65×30cm
（必要に応じて）接着芯　60×30cm
伸び止めテープ（0.9cm幅）　60cm
マグネットホック
　　（1.4径の縫いつけタイプ）　1組
飾りボタン（2cm径）　1個
市販の持ち手　1組

でき上がりサイズ
縦18×横18cm、まち幅8cm（持ち手含まず）

✚作り方のポイント
53ページのバッグは表布の柄が一方向なので、柄が逆さにならないよう底ではぎ合わせてあります。柄に上下がない場合は続けて裁ち、底を「わ」にしても大丈夫。その場合の本体は裏布の型紙で表布を作ります。表袋と裏袋を別々に作ってから合わせる作り方ですが、裏袋がバッグの中で浮いてしまわないよう「中とじ」をします。

裁ち合わせ図

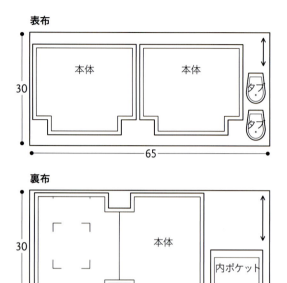

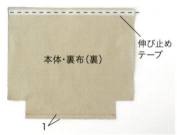

1 表布はバッグ口に伸び止めテープを、でき上がりの線にかかるようにはる。2枚を中表に合わせ、底を縫う。

2 タブ2枚を、中表に合わせて縫う。

3 タブを表に返して周囲にステッチをかけ、バッグ口に仮どめする。本体表布は底の縫い代をアイロンで片方に倒し、表からステッチをかける。

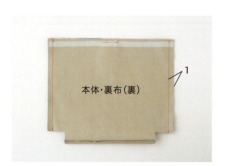

4 本体表布を中表に折り、脇を縫う。縫い代はアイロンで割る。

5 まちを縫う。縫い代はアイロンで底側に倒す。

裏布つきの
トートバッグ

6 内ポケットを作る。ポケット口を三つ折りにして縫い、残り三辺の縫い代をアイロンで折る。裏布のポケット位置に縫いつける。

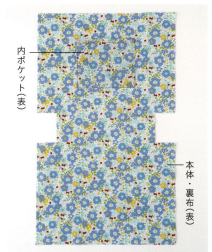

7 本体裏布を中表に折り、脇を縫う。片方に返し口をあけておく。

8 本体裏布は脇の縫い代をアイロンで片方に倒し、表布同様にまちを縫う。縫い代はアイロンで底側に倒す。

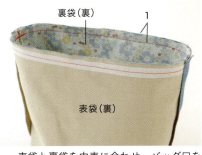

9 表袋と裏袋を中表に合わせ、バッグ口を縫う。

10 裏袋を引き出し、表袋と裏袋それぞれのまちの縫い代(★)を合わせて縫い、「中とじ」をする。

11 縫い代同士を縫う。

12 もう片方も同様に中とじをする。

13 裏袋の返し口から表に返して返し口をとじ(10ページ参照)、バッグ口にステッチをかける。

14 マグネットホック(30ページ参照)と飾りボタンを縫いつけ、持ち手を返し縫いでつける。

返し縫い

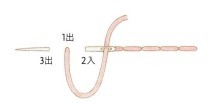

Lesson8

Dカン・角カン

金具

「○○カン」と呼ばれる金具は、手作りのバッグを、まるで既製品のように見せてくれるうれしいアイテム。もちろん使い勝手もぐんとよくなります。

≫ 金具の種類と特徴を知りましょう

Dカン

ナスカンを受けるなど、最も使用頻度の高い金具。文字どおりDの形をしています。

取り外しできるショルダーバッグの肩ひもの、ナスカン受けに。テープなどを通してバッグ本体に縫いつけます。

2個でベルトのバックルのように。

角カン

送りカンとセットで使われることが多い金具。
縦、横の幅に種類があるので、通すテープの厚みや見た目の好みで使い分けましょう。

送りカンで長さ調節をする際、テープが動くように、角カンを使います。Dカンと同様、テープなどを通して縫いつけます。

持ち手テープのつなぎに、デザインとしても。

丸カン・三角カン

丸カン

Dカンや角カンと同じような用途に使えますが、存在感があるのでデザインの一部にするのも効果的。テープの幅とのバランスによって雰囲気が変わり、楽しめます。

Dカン同様、ナスカンの受けに。テープなどを通して縫いつけます。

持ち手テープのつなぎに、デザインとしても。

2個でベルトのバックルのように。

三角カン

角の部分は、何かをかけたときにおさまりがよく、使い勝手のよい金具です。

3辺にテープを通して1辺を縫いとめ、リュックサックのひも通しに。

Dカンや丸カン同様、ナスカンの受けに。

キーホルダーやチャームをつける用途に。

Lesson8

送りカン

長さを調節するための金具。コキカン、移動カンともいいます。

送りカン

ショルダーバッグの肩ひもの作り方　*わかりやすいようにひもの長さを短くしています。

1 2.5cm幅のテープの場合、内寸が2.5cmの角カンと送りカンを使用。

2 テープの片端を、表側が見えるように送りカンに通す。

3 裏にしてテープを折り上げ、端を1cm折り込む。

4 ミシンで縫う。

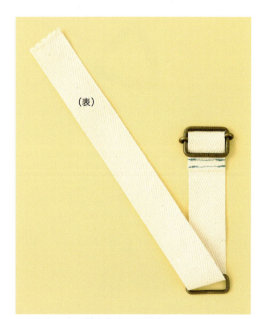

5 もう一方の端を角カンに通す。

6 再び送りカンに通す。

7 角カンにバッグにつけるためのテープを通し、両端をバッグに縫いつける。

ナスカン

環の一部分が開き、Dカンや丸カンなどにかけて使うフック型の金具。大きさや形状はさまざまなものがあります。

テープの両端につければ、取り外せるショルダーバッグの肩ひもに。受けはDカンなどの金具以外に、ひもやテープをループにしたものでも。

小さめのナスカンは、細いテープやひもを通して、小さな持ち手にしたり、バッグの中のキーホルダーつけに。

素材や色もたくさんあります

同じ金属でも色はさまざま。合わせる布やイメージによって選びましょう。これらの金具と同じ形状で、子供用品などによく使われるプラスチック製パーツは軽く仕上がり、ナイロンやラミネートなどの素材との相性もよく、シックな色を選べば大人用にも使えます。

左から黒ニッケル、アンティークゴールド、ゴールド、つや消しシルバー、ニッケル（シルバー）。

Q ナスカンの受けはどの金具でも使えますか？

A Dカン、丸カン、三角カンは同じように使えるのでお好みで選んでください。角カンはナスカンをかけたときのおさまりが悪いのでおすすめできません。受ける金具の大きさは、フックにかけられればナスカンより小さいサイズでも大丈夫。

Q 使っているうちにDカンがまわってしまいます

A Dカンのサイズよりテープが細い場合、まわりやすくなります。また、輪にして通したテープが長すぎてもまわるので、その場合はDカンに近い部分を縫いとめます。ミシンの押さえ金が金具に当たる場合は、ファスナーつけなどに使う「片押さえ」を使いましょう。

Dカンよりテープが細いとまわりやすい。テープ幅とDカンの内径は同じものを選んで。

角カンは、角の部分にナスカンがおさまり、バッグが傾いてしまう。

 →

テープが長すぎると輪が大きくなり、Dカンがまわってしまう。

Dカンの近くを縫いとめるときちんとおさまる。

Lesson8

ショルダーバッグ →実物大型紙B面

送りカン、角カンを使ったショルダーひもをつけた、
まちのないフラットなバッグ。
ひもの長さを調節することで、
肩かけにも斜めがけにもできます。

表布は厚手の綿、裏布には表より薄手の綿を使用。テープとファスナーの色をそろえるとシックにまとまります。

小さいナスカンを内ポケットにつけたリボンの先につけました。鍵などの大切なものを落とさないように入れておくことができます。

ショルダーバッグ

作り方
*わかりやすいように、布と糸の色を変えています。

材料
表布　85×30cm
裏布　60×45cm
ファスナー（20cm）　1本
グログランリボン（0.6cm幅）　30cm
織りテープ（2.5cm幅）　1.3m
送りカン（2.5cm幅）　1個
角カン（2.5cm幅）　1個
ナスカン（0.7cm幅）　1個

でき上がりサイズ
縦31×横23cm（持ち手含まず）

✚作り方のポイント
表布と裏布の脇を一緒に縫う、中とじをする手間が不要な仕立て方です。

裁ち合わせ図

表布・裏布の裁断図（表布 85×30、裏布 60×45）

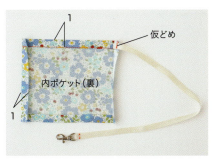

1 グログランリボンの先にナスカンを通す。リボンの端を0.5cm→1cmの三つ折りにして手縫いでとめる。

2 内ポケットの口を三つ折りにして縫い、残り3辺の縫い代をアイロンで折る。1のリボンの先を縫い代に仮どめする。

3 本体下・裏布のポケット位置に、内ポケットを縫いつける。

Lesson8　ショルダーバッグ

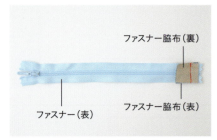

4 ファスナー脇布2枚を中表に合わせ、ファスナーの端をはさんで縫う。

5 表に返し、ステッチをかける。もう片方の端も同じように作る。

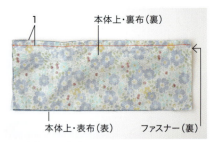

6 本体上・表布とファスナーを中表に合わせ、本体上・裏布を表布と中表になるように重ねて縫う。

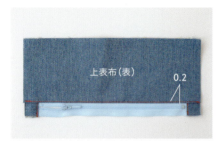

7 本体上・表布と本体上・裏布を表に返してアイロンをかけ、ステッチをかける。

8 同様に本体下・表布と本体下・裏布をファスナーと縫う。

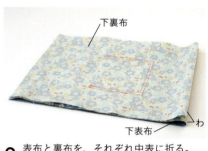

9 表布と裏布を、それぞれ中表に折る。

10 4枚一緒に脇を縫う。

11 裏布が見えるように表に返す。58ページを参照して織りテープに角カンと送りカンを通してショルダーひもを作り、表布側にテープの端を仮どめする。このとき、送りカンの向き（表裏）に注意する。

12 上部を4枚一緒に縫う。ファスナーは開けておく。

13 ファスナーから表に返し、本体の上端にステッチをかける。

Lesson9

ハトメ・カシメ

ハトメとカシメ

ハンマーでたたいてつけるハトメとカシメ。
デザインを引き締めてくれる、
小さいけれど存在感のあるパーツです。
打ち具などの道具が必要になります。

>> **ハトメとカシメのそれぞれの用途を知りましょう**

ハトメ

ひもなどを通すためにつけるリング状の金具。
靴ひもに使うような小さいものから、太いロープを通すような大きいものまでさまざま。
打ち込むタイプが一般的ですが、大きなサイズには2枚の金具で布を挟んではめ込む手軽なタイプもあります。
「アイレットリング」とも呼ばれます。

ロープを使った持ち手に。エプロンのひも通しなどにも応用できます。

巾着型バッグのひも通しに。

ナスカンを使った取り外せる持ち手の受けに。

カシメ

ハトメと違って穴がなく、キノコのような形の金具を裏表から挟んでとめる金具。
革の持ち手やデニムなど、厚みがあって縫うのが困難な素材でも、点でとめることができます。
いろいろな色があり、装飾目的でも使われます。

ミシンで縫いづらい合皮の持ち手をとめるときに。

ポケット口の角の補強に。飾りとしても。

厚みのある織りテープも縫いにくいもののひとつ。デザイン的な役割も大きい。

Lesson9

ハトメ・カシメ

必要なもの

金具だけではつけられないので、最低限の道具が必要。
サイズに合った打ち具と受け台などがセットになった商品が市販されているので、最初はセットのものを購入するといいでしょう。

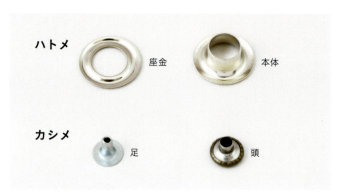

ハトメ・カシメ
ハトメは本体と座金で1組。カシメは表につく頭(メス)と足(オス)で1組。※両面が頭のタイプもあります。

穴をあけるもの
左からセット付属の穴あけポンチ(2本)、別売りの穴あけポンチ、スクリューポンチ、目打ち。小さいカシメは目打ちでもOK。

打ち具と受け台
下に受け台を置き、打ち具をハンマーや木づちでたたくのが基本。左はカシメ用、右はハトメ用。さまざまなタイプがあります。

下に敷くもの
穴をあけるときや打ち込むときに使用するビニール板(左)とゴム板(右)。板を置く場所はテーブルより床のほうが安定します。

Q どんな布でもつけられますか?

A ハトメもカシメも基本的に薄地には向きません。また、ニットやフェルトなど伸縮性のある布は伸びて穴が広がり、金具がはずれてしまうのでそのままではつけられません。このような布は裏面に接着芯をはって伸びない状態にしてから穴をあけてつけます。

ハトメのつけ方

ハトメをつけてみましょう

※ここではセット付属の打ち具と受け台を使用。道具やつけ方は商品によって違いがあるので、説明書のとおりにつけてください。

1 ハトメをつけたい位置に穴あけポンチを当て、木づちなどでたたく。

2 穴があいたところ。

3 ハトメ本体をはめる。

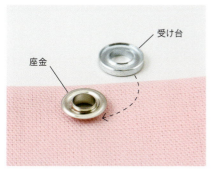

4 布の下に受け台を置き、座金をはめる。

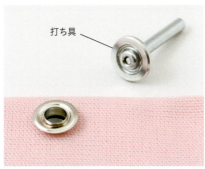

5 打ち具を当て、木づちなどでたたく。

6 垂直に打ち具を当てて、均等に力がかかるように。

7 ハトメ本体の足がつぶれて座金とかみ合い、動かなくなったらでき上がり。

Q やり直しはできますか？

A 布にあけてしまった穴はもとには戻りませんが、金具をペンチなどではずし、新しいものをつけ直すことは可能です。不安な場合は、1つ試してみてからにしましょう。

ペンチでつぶすようにしてはずす。

Lesson9　カシメのつけ方

カシメは…

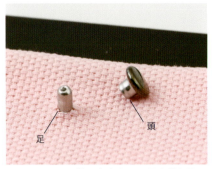

1 ハトメと同様に穴をあけ、足を差し込み頭をはめる。

2 頭に合ったサイズの打ち具を当て、木づちなどでたたく。片面タイプは受け台として、ゴム板などの平らなものを敷く。

3 しっかりとはまり、カシメが動かなくなったらでき上がり。

Q ちゃんとつけたのにグラグラします

A 布に対して足が長すぎるのが原因です。また、短すぎてもはずれやすくなります。足の長さと布の厚さを適正にしましょう。

約0.6cm　約0.7cm　約0.8cm

足の長さには種類があります。

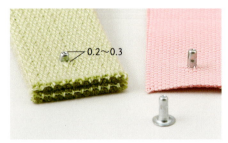

適正な長さは、穴に入れて布から足が0.2～0.3cm飛び出るくらい。右は長すぎ。ハトメの場合も同様。足が長すぎる場合は布を重ねて厚さを増やします。

布の厚さを測ってみました

計測すると、布は意外と薄いことが判明。厚みが足りないときは共布を二重、三重にしたり、フェルトやキルト芯を挟むなどして厚さの調節が必要になります。

※布は三つ折りのバッグ口を想定して3枚重ねで計測。

5オンスデニム(3枚)
1.07mm

12オンスデニム(3枚)
2.09mm

11号帆布(3枚)
1.76mm

8号帆布(3枚)
2.56mm

キルト芯(1枚)
1.2mm

フェルト(1枚)
1.2mm

織りテープ(2枚)
4.22mm

きんちゃくバッグ → 実物大型紙B面

ハトメでひも通しを作ったきんちゃくバッグ。
合皮の持ち手はカシメでとめてあります。
コンパクトながら存在感のあるデザイン。

きんちゃくバッグ

表布はつや消しのラミネート地、裏布には薄手のナイロン地を使用。丸底でしっかり自立するので使いやすい。

持ち手のテープと金具、ループエンドを濃色でそろえて、淡い花柄を凛とした印象に。

Lesson9

作り方 ＊わかりやすいように、布と糸の色を変えています。

材料
表布　55×50cm
裏布　55×50cm
バイアステープ
　（幅12.7mmの両折）　60cm
接着キルト芯　20×20cm
ハトメ(0.5cm径)　12組
カシメ(持ち手用・0.8cm径)　8組
カシメ(ポケット用・0.6cm径)　4組
持ち手用テープ(1cm幅)　80cm
ひも(0.3cm径)　60cm
ループエンド　1個

でき上がりサイズ
底直径15.5×高さ27cm(持ち手含まず)

＋作り方のポイント
筒状になってから穴をあけるのは難しいので、表布にポケットをつけてから裏布を重ね、同時にハトメとカシメ用の穴を先にあけて、ポケットにカシメをつけておきます。

裁ち合わせ図

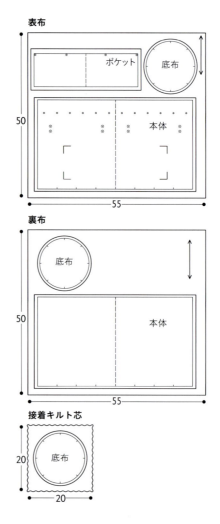

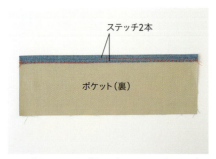

1 ポケット口に縁かがりミシンをかけ(ラミネート地の場合は不要)、二つ折りにしてステッチを2本かける。残りの3辺はアイロンで折る。

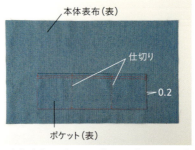

2 本体表布のポケット位置にポケットを縫いつけ、仕切りのステッチを入れる。

3 本体表布と裏布を外表に重ね、2枚一緒にハトメの穴と、持ち手をつけるカシメの穴を開ける。ポケットにカシメをつける。

きんちゃくバッグ

4 本体表布、裏布をそれぞれ中表に合わせて筒状に縫う。縫い代は割る。

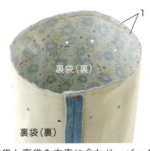

5 表袋と裏袋を中表に合わせ、バッグ口を縫う。

6 表に返してステッチをかける。

7 底側は2枚一緒に縫い代を縫いとめる。

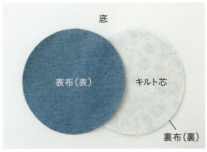

8 底を作る。表布とキルト芯をはった裏布を外表に合わせる。

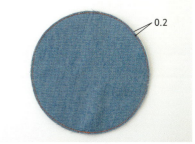

9 縫い代の周囲を縫いとめる。

10 本体と底の表布の表と表を合わせて縫う。

11 縫い代をバイアステープで始末(43ページ参照)する。

12 3であけた穴にハトメをつける。

13 持ち手用のテープ(各40cm)をカシメで本体につける。ハトメにひもを通し、両端を2本一緒にループエンドに通し、ひもの先を結ぶ。

Lesson10

底板

底板と底鋲

大きめのバッグの使い勝手をよくしてくれるのが、底板と底鋲。縁の下の力持ち的な役割です。
見た目にもグレードが上がり、より本格的なバッグになります。

底板

大きな底を支えるためや、バッグの形を保つために入れる板状の芯。接着芯よりもしっかりとした底布の補強にもなります。

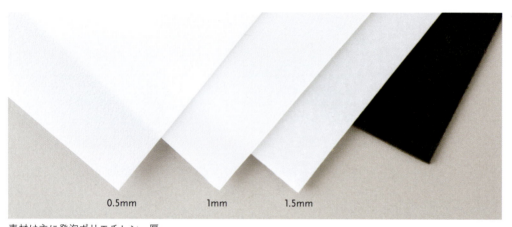

0.5mm　1mm　1.5mm

素材は主に発泡ポリエチレン。厚さに種類があり、厚いほど形をキープしてくれます。ハサミでカットしたり、ミシンで縫うことができ、水洗いも可能。色は白と黒があります。

底板あり

底板なし

底板のあるなしで、使い勝手はもちろんのこと、見た目の雰囲気も変わります。

底板のサイズは？

底に入れたときにおさまりがいいように、でき上がり(底面積)より小さくするのが基本です。0.5cmが目安。

「通しまち」タイプ

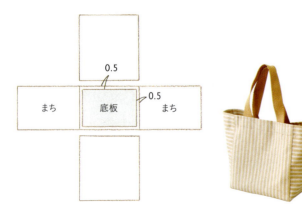

「つまみまち」タイプ

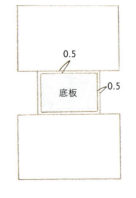

方法 A 底板を別に作る

底板を布でくるみ、バッグの底に置く最も簡単な方法。
動いてしまいそうで不安ならバッグの縫い代などに軽く縫いとめます。
裏袋のないバッグや、手持ちのバッグにあとから底板をプラスすることもできます。

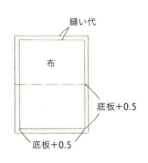

1 底板にゆとり分と縫い代を足した布を裁つ。

2 中表に二つ折りにして2辺を縫う。

3 表に返してアイロンで整え、縫い残した1辺から底板を入れる。

4 縫い代を折り込み、まつってとじる。

底板の角は丸くカットする

角がとがったままだと布を傷めてしまうので、ハサミで丸くカットしておきましょう。

Q 底板を何かで代用できますか？

A 厚地の不織布の接着芯を数枚重ねます。ポリエチレンの芯より柔らかく扱いやすいのがメリットです。厚さや固さは重ねる枚数で調節します。

不織布芯を4枚重ねて作った底板。ミシンでとめるとより丈夫に。粗裁ちをした芯を重ねてアイロンで接着し、ステッチをかけてから裁断します。

Lesson10

底板

方法 B　底板をバッグに縫いつける

布でくるんだ底板をバッグのまちの縫い代にとめ、一緒に始末をします。
裏布があってもなくてもつけることができる、おすすめの方法。

1　方法Aと同じ寸法で底板をくるむ布を裁ち、中表に二つ折りにして1辺を縫う。

2　表に返してアイロンで整え、底板を入れる。

3　両端をミシンで縫う。

4　バッグの底の内側に重ね、まちの縫い代と合わせて仮どめをする。

5　バイアステープでバッグと底板布の縫い代を一緒に始末する。

方法 C　底板を裏布につける

裏袋のあるバッグ限定。あらかじめ裏布の裏に底板を縫いつけておき、表布と重ねて仕立てる方法。
板がついた布を縫い合わせていくので、やや縫いづらく感じるかもしれません。

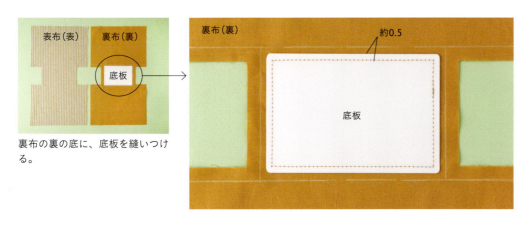

裏布の裏の底に、底板を縫いつける。

表布と裏布を外表に合わせて仮どめをし、脇とまちを縫って仕上げる。

方法 D　底板を最後に入れる

方法Cと同様、表布と裏布を一緒に縫う方法ですが、
底板を裏布には縫いとめず、最後に入れて仕上げます。

通しまちの場合

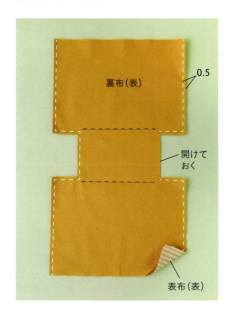

つまみまちの場合

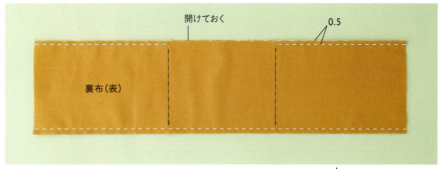

写真左・上／表布と裏布を外表に合わせてミシンをかける。底2辺（青の破線）は底板がずれないようにするためのステッチをでき上がり位置に、裁ち端周囲（白の破線）は、まちの1辺を残して2枚を仮どめする。

開けておいた部分以外を縫い合わせ、縫い代の始末をする。底板を入れてから最後の1辺を縫い、仕上げる。

Lesson10

底鋲

底鋲

バッグの底に取り付けて、汚れや、すれて損傷するのを防ぐ金具。
いろいろな大きさや色があるので、バッグの雰囲気に合わせて選びましょう。

2つのパーツで挟んでカシメの要領で打ち込みます。

つけ方

底鋲が傷つくのを防ぐため、ゴム板などの上に布やタオルを重ねておきます。

カシメ用の打ち具を当てて木づちなどでたたく。金具がしっかりとはまって動かなくなったらでき上がり。

つける位置

底面積が広い場合、四隅だけだと中心が重みで床についてしまうこともあるので、面を支えられるように5個つけることが多い。小さめのバッグなら4個でもOK。底の縁から1cm以上離れた位置につけましょう。

基本

1以上あける

ほかにも…

どのタイミングでつける？

裏布に底板を縫いつける場合は、そのときにつけておいてもいいですが、あとから底板を入れる場合は最後につけます。バッグを仕上げてから穴をあけるのは大変なので、穴だけは最初にあけておきましょう。

バッグを仕上げてから、布と底板を挟むように底鋲の金具をはめ、打ちつけます。

Q 底鋲は底板とセットで使うものですか？

A 底鋲は底が床にすれるのを防ぐためにつけるので、底板でしっかりさせておくのが基本です。

底板なし

底板あり

しっかりした布のバッグで、織りテープで支えられているような箇所につけるのなら底板なしでも大丈夫。本体も型崩れしない厚地であることが必要。

Lesson10

ボストンバッグ →実物大型紙B面

1泊旅行くらいの荷物が入るボストンバッグ。ここまで作れれば、バッグ作り上級者です。キルティングやラミネート、帆布など、使いたいシーンに合わせた布選びを楽しんで作りましょう。

表布はシックなゴブラン織、裏布は綿のカラーシーチング。合皮の持ち手とナスカンで取り外し可能のショルダーひもの2wayタイプ。

コンパクトながらたっぷりとしたまちがあるので収納力抜群。底板と底鋲があるので安心です。

ボストンバッグ

作り方
＊わかりやすいように、布と糸の色を変えています。

材料
- 表布　110×60cm
- 裏布　110×60cm
- 接着芯（必要に応じて）　85×80cm
- バイアステープ
  （幅18mmの両折）　2m
- 伸び止めテープ（0.9cm幅）　70cm
- ファスナー（30cm）　1本
- 底板（1.5mm厚）　30×20cm
- 底鋲（1.5径）　5組
- Dカン（2.5cm幅）　2個
- 送りカン（2.5cm幅）　1個
- ナスカン（2.5cm幅）　2個
- 肩ひも用テープ（2.5cm幅）　1.7m
- カシメ（0.5cm径）　4組
- 持ち手　1組

でき上がりサイズ
縦24×横31cm、まち幅21cm（持ち手含まず）

✚作り方のポイント
裏袋の底を1辺縫い残しておき、底板を最後に入れる方法での作り方（73ページ参照）です。写真の表布は、やわらかいゴブラン織を使っているので、裏面に接着芯をはって補強しています。

裁ち合わせ図

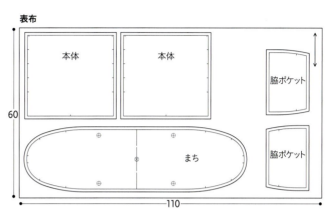

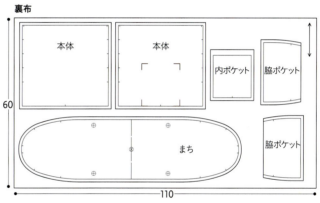

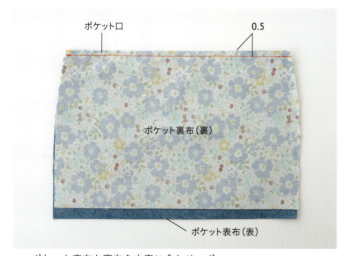

1 ポケット表布と裏布を中表に合わせ、ポケット口側をそろえて縫う。

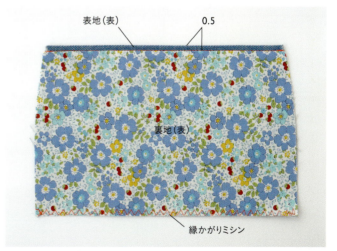

2 表に返して底側をそろえ、ポケット口にアイロンをかける。底側は2枚一緒に縁かがりミシンをかけ、ポケット口にステッチをかける。

Lesson10

3 まち表布と裏布の底部分の底鋲をつける位置に穴をあけておく。まち表布に、ポケットを中表に置き、ポケット底を縫う。

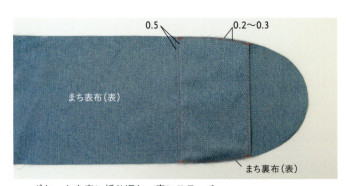

4 ポケットを表に折り返し、底にステッチをかける。ポケット脇の縫い代をまち表布に仮どめする。もう片方も同様に作る。

5 テープを6cmにカットし、Dカンを通して半分に折り、テープ端を縫いとめる。2個作る。

6 まち表布と裏布の周囲を縫いとめ、5を仮どめする。底部分の一辺は、底板の入れ口として縫い残しておく。

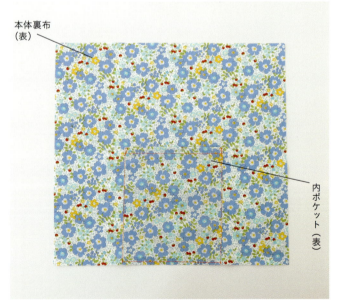

7 内ポケットのポケット口を0.5の三つ折りにして縫い、縫い代をでき上がりに折って本体裏布に縫いつける。

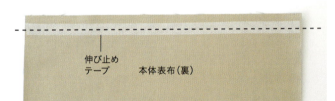

8 本体表布のバッグ口（ファスナーつけ側）に、でき上がり線にかかるように伸び止めテープをはる。

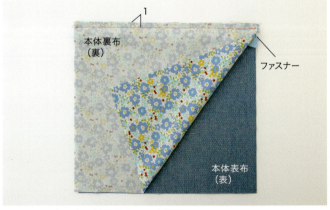

9 ファスナーをつける（29ページ参照）。

ボストンバッグ

10 縫い代を表布側に倒して、表布側のみにステッチをかける。反対側も同様。

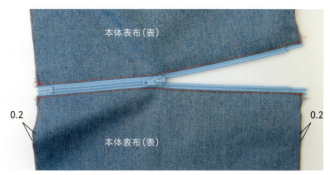

11 表布と裏布を外表にして、縫い代を縫いとめる。

12 本体とまちを中表に合わせ、底板入れ口の反対側を、でき上がり位置からでき上がり位置まで縫う。

13 まち側の縫い代に切り込みを入れる（まちの角の縫い方は20ページ参照）。

14 まちの曲線部分を縫い合わせる。もう一方も同様に縫い、底板入れ口以外を縫い合わせる。

15 曲線部分の縫い代をバイアステープで始末する（43ページ参照）。角の部分は、バイアステープを一度縫いとめる

Lesson10　　　　　　　　　　　　　　　　　　　　ボストンバッグ

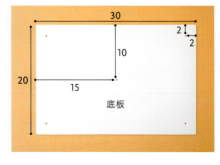

17 底板に底鋲をつけるための穴を5カ所あける。

18 底板入れ口から底板を入れる。

16 底板入れ口の反対側をバイアステープで始末する。角は縫い流したテープを折り、縫いとめる。

19 底板入れ口側を縫い合わせ、バイアステープで始末する。

20 底鋲をつける。

21 持ち手を返し縫い(55ページ参照)で縫いつける。

22 テープ(150cm)に送りカンとナスカン(通し方は58ページ参照)を通し、端を三つ折りにしてカシメでとめ、ショルダーひもを作る。

補習 Lesson

きれいに作るための補習 Lesson

バッグ作り全般に役立つ、基本的なことをまとめてみました。
楽しく、よりきれいに作るための参考にしてください。

地直し・水通し

裁断する

ミシンで縫う

アイロンがけ

目打ちを使う

補習 **Lesson**

地直し・水通し

地直しとは？

布（織地）はたて糸とよこ糸で織られています。
その糸が直角に交差しているのがよい状態ですが、
ゆがんでいたり、耳に引っぱられるように、
よこ糸が斜めになっていたりすることがあります。
そのままの状態で裁断して縫うと、やがて本来の布目に戻り、
型崩れ＝変形してしまうのです。
それを防ぐために裁断前に布目を整えるのが地直しです。

布目の整え方

布目とは

耳と平行になるのが布目。型紙にある布目線はこの布目に合わせます。直線的な型紙ほど布目をきちんと合わせることで、きれいな仕上がりになります。

バイアスとは

布目に対し斜め45°の角度をバイアスといいます。織地はバイアス方向に引っぱると伸びる性質があり、この性質を利用したのがバイアステープ。直線にも曲線にもつれずになじみ、角が立ったりしわにならずに縁取ることができます。

1 まずは織りを目視で確認。チェックは布のゆがみがわかりやすく、写真はよこ糸が左下がりになって、ゆがんでいることがわかります。このまま裁断すると柄も斜めに仕上がってしまいます。

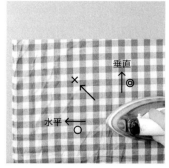

2 布端を持ち、ゆがみを直したいほうへ引っぱり、ある程度手で直してからアイロンを布に対して水平、垂直に滑らせます。斜め（バイアス）に動かしてしまうと布が伸びてしまうのでなるべく布目に沿ってかけるようにします。

アイロンの設定温度

素材	適した温度
綿・麻	高温（180〜210度）
毛・絹	中温（140〜160度）
化繊（ナイロン、ポリエステル、レーヨン、アクリルほか）	低温（80〜120度）

この表はあくまでも目安です。
目立たない部分でテストをしてからかけましょう。

3 ゆがみがなくなり、たて糸とよこ糸が直角になれば地直し完了。

布目を整えられないものは…

ラミネート
ビニールコーティングの加工がされていて、布目を動かすことができないため、地直しは不可。チェックなどが斜めになったまま加工されている場合は、布目より柄を優先して裁断します。どの方向に裁っても伸びにくいので、柄を重視して使います。

キルティング
布と布の間にキルト芯が挟まれ、ステッチで抑えられている状態なので布目を整えることはできません。表になるほうの布目を重視してこのまま裁断します。

水通しとは？

のちの洗濯などで布が縮むのを防ぐために、
あらかじめ水に浸しておくことをいいます。
バッグを仕立てたあとに布が縮むとサイズが変わり、
入るはずのものが入らなくなったり、
布によって縮み具合が違うので、裏布はほとんど縮まないのに
表布だけが縮んでつれてしまうなどという不具合が起こることもあります。
水通しをしておくと、それらを防ぐことができます。

水通しの仕方

水に浸す
布の色が変わり、全体に均等に水がしみた状態になればOKです（洗濯機で普通に洗ってしまってもよい）。

脱水して干す
軽く脱水をします。脱水しすぎるとしわになってしまうので注意しましょう。布目がゆがまないように広げて陰干しをし、生乾きの状態まで乾かします。

アイロンで布目を整える
82ページを参照してアイロンで布目を整えながら、完全に乾かします。

水通しをする？しない？ 判断に迷ったら

水通しは必ずしなくてはならないというものでもありません。
作ったあとに洗濯しないものであれば、
アイロンで地直しをするだけで大丈夫。
水通しをしたほうがよいかどうかはお店に確認するとよいでしょう。
確認できないときやわからない場合、
洗濯して縮んだら困ると思うものは水通しをしておいたほうが安心です。

端切れで試してみましょう

縮みやすいとされる布の代表は「麻」、続いて「木綿」です。布に余裕があれば、端切れで実験してみましょう。

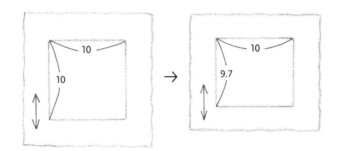

ボールペンなど、細く描けて水で落ちないものを使い、端ぎれに10cm四方の正方形を描きます。水に浸して乾かし、アイロンをかけます。

正方形を測ってみて、縮んでいたら水通しが必要ということです。全体的に縮んで小さくなるというより、たて方向に3％ほど縮むものが多いようです。

こんなときにも水通しを

アイロンでとれない畳みじわや、
布の中央についた折り目などを消したいときにも水通しが有効です。
水に浸すことで消えるしわがあります。
部分的にアイロンをかけてみてきれいにならなければ、
水通しか洗濯をしてみてください。

裁断する

はさみは布に対して垂直に構えましょう

きれいに仕上げるためにはまず、
布を型紙どおりに正確に裁断すること。
裁断をいいかげんにしてしまうと、
あとで修正しようとしてもなかなかできません。
裁ちばさみを使うときは布に対して垂直に構えて、
裁ち進めます。

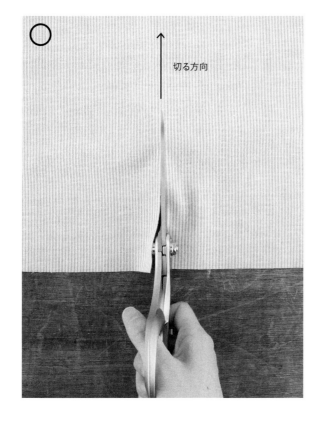

切る方向

基本的には机から刃を浮かせないようにして裁ちます。重ね裁ちをするときに浮かせると布がずれやすく、裁ち線も曲がりやすいので注意してください。

型紙を写して裁ちます

1 型紙を布に置いてウエイトで固定し、周囲をチャコペンなどでなぞります。

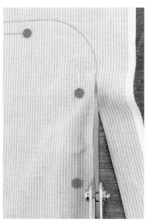

2 写した線を裁ち落とすように、線の内側に沿って裁ちます。

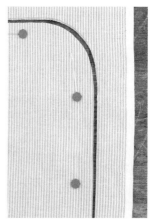

3 写す際に型紙の外側をなぞっているので、線の内側を裁てば、型紙と同じ大きさになります。

補習 Lesson

方向性のある柄布は…

無地や小花など方向のない柄地は、布目を合わせるだけで問題ありませんが、
柄に天地の区別があるものは注意が必要です。
方向性のある布は、型紙を一方向に配置して
柄の向きが正しいことを確認してから裁断しましょう。

底を「わ」で作った場合

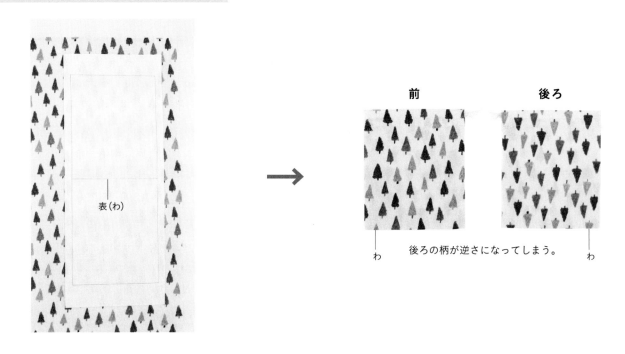

後ろの柄が逆さになってしまう。

底をはぎ合わせにした場合

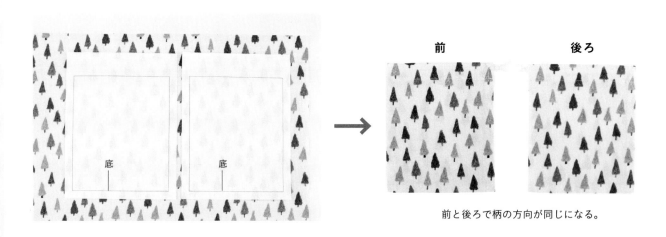

前と後ろで柄の方向が同じになる。

自分に合ったはさみを選びましょう。

裁ちばさみの材質は、大きく分けて
昔ながらの鋼（はがね）製と、ステンレス製があります。
ステンレスは軽くてさびにくいのが特徴。
一方、鋼はさびたり切れ味が悪くなっても研ぎに出せばよみがえり、
長く使い続けることができます。

はさみの各部名称

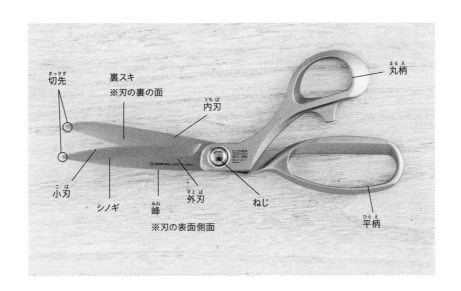

切先（きっさき）／裏スキ ※刃の裏の面／内刃（うちば）／丸柄（まるえ）／小刃（こば）／シノギ／峰（みね）／外刃（そとば）／ねじ／平柄（ひらえ）
※刃の表面側面

大きさは？

一般的な裁ちばさみのサイズは24cm。ほかにも小さめの22cm、大きめの26cmなどがあります。はさみは実際に握ってみて、大きさや重さを確かめて購入したほうがよいでしょう。

24cm　26cm

はさみの切れ味を保つために

何も切らずに刃を開閉させる「空切り」は刃が傷む原因になります。また、机の上などから落とすと、小刃が欠けたり、ねじがゆるんだりして、切れ味や耐久性を損なうので注意が必要です。はさみを使ったあとは必ずきちんと刃を閉じておくことを習慣にしてください。鋼のはさみは最寄りの専門店で相談を。

補習 **Lesson**

ミシンで縫う

ミシンをセットします

ミシンを使うときは縫い始める前が大切。いきなり縫い始めると、出だしで糸がからんだり、途中で縫い目がおかしくなったりしがちです。ほどいて縫い直すことを繰り返せば布も傷み、きれいな仕上がりになりません。まずはきちんとセットして、糸調子を合わせましょう。ミシンの仕様はメーカーや機種によって異なるので、お持ちのミシンの取扱説明書をしっかり確認してください。

●下糸
ボビンにきちんと下糸が巻かれていないと糸調子が安定せず、トラブルの原因になります。また、カマにホコリや糸などが詰まっていても糸調子が合わないことがあるので、掃除をすることも忘れずに。

●上糸
糸を順番どおりにセットします。1カ所でもかけ間違えていると、うまく縫えません。

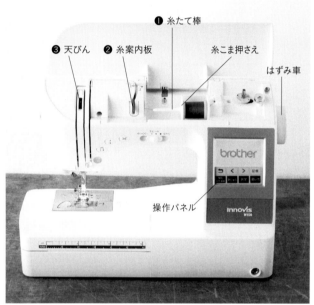

❶ 糸たて棒
❷ 糸案内板
❸ 天びん
糸こま押さえ
はずみ車
操作パネル

※❶～❺は、このミシンの上糸をかける順番。

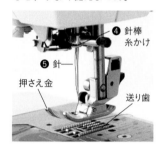

❹ 針棒糸かけ
❺ 針
押さえ金
送り歯

○ 均一に巻かれている状態。

× 緩みがあり、巻き方にムラがあります。下糸を巻くときの糸案内にきちんと糸をかけていないと、このようになることが多いです。

針に糸がからんでいるのもNG。

必ず試し縫いをします

実際に縫う布の余りで糸調子や縫い目の大きさなどを確認します。途中で糸を替えたり、布の重なり具合が変わったりする場合も、そのつど試し縫いをすると安心です。

こうなればOK

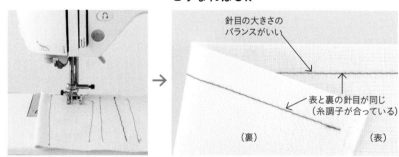

針目の大きさのバランスがいい
表と裏の針目が同じ（糸調子が合っている）
（裏）　（表）

糸調子がうまく合わせられないときは…

上糸がゆるく、下にたるんで見える ⟶ 上糸を強める

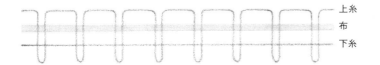

それでも直らないときは、上糸がきちんとかけられていないことが考えられます。上糸をもう一度最初からかけ直してみてください。

下糸がゆるく、上糸がつって見える ⟶ 上糸を弱める

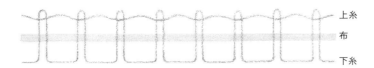

それでも直らないときは、原因として下糸がボビンにきちんと巻かれていないか、ボビンの糸が右巻きでかまにセットされている、あるいは下糸がかまにきちんとかけられていないことなどがあります。ボビンをもう一度セットし直します。

上糸が異常につって見える ⟶ 上糸をかけ直す

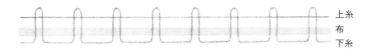

上糸が糸こま押さえに挟まれていたり、どこかに引っかかって動かなくなっていることが考えられます。上糸を最初からかけ直します。

原因がわからない場合は… ⟶

上糸、下糸ともに一度全部はずして、最初からセットし直すことをおすすめします。糸をかけ直すだけで、糸調子がよくなることは意外と多く、ひとりで悪戦苦闘を続けるより、準備をリセットしてみてください。

補習 Lesson

針と糸を選びましょう

針や糸は同じものをつけっぱなし…なんてことはありませんか?
薄地を太い針で縫うと針穴が目立ってしまったり、
厚地を細い糸で縫うと糸が切れてしまったりすることがあります。
布ごとに針と糸を合わせて使うことはきれいに仕上げるために必要なことです。

基本の組み合わせ

薄地
- オーガンジー
- ローン、
- ガーゼなど

ミシン糸…90番
針…9番

普通地
- ブロード
- シーチングなど

ミシン糸…50〜60番
針…11番

厚地
- デニム
- 帆布
- キルティング
- オックス
- コーデュロイなど

ミシン糸…30〜60番
針…14番

伸縮素材
- ニット
- ジャージー
- スウェットなど

ミシン糸…ニット用
　　ミシン糸50番
針…ニット用ミシン針
　　11〜14番

針→糸の順に選ぶ

まずは布に適した針を選びます。普通地であっても何枚も重ねて縫うようであれば、11番ではなく14番のミシン針を。縫い代を片方に倒してステッチをかけるときや、持ち手を縫いつけるときなど、布の重なりが多くなることは意外とあります。

縫い合わせる糸は厚地でも50〜60番でOK

厚地だからといってミシン糸は必ず30番というわけでもありません。30番で縫った縫い目は固く、糸調子もとりづらいもの。そこで、縫い合わせるときには50〜60番を使い、ポケットなどステッチを目立たせたい部分には30番を使うというような使い分けがおすすめです。逆に薄地や普通地に30番の糸を使うのは避けましょう。ミシン糸に布が負けてしまい、縫うことができません。

手縫い用の糸をミシンで使わない

ミシン糸と手縫い糸は、それぞれの動きに合うように糸の「撚り」の方向が異なります。ミシン糸は「左撚り」、手縫い糸は「右撚り」です。そのため、手縫い糸をミシンで使用すると糸が切れやすいなどの支障が出てきます。

きれいな縫い目にならないときは…

ステッチがガタガタになる →

縫い目が曲がっているわけではないのにステッチがガタガタに見えるのは、織り糸が太めの布に起こりがちです。縫い糸が、織り糸に負けてしまっていることが原因として考えられます。糸を30番もしくは、さらに太い「ステッチ糸」に替えてみてください。その場合は針も合わせて替えましょう。

30番の糸だと糸調子がうまくとれない →

家庭用ミシンの場合、糸調子は上糸の調節だけでするので、太い糸だと難しい場合があります。その場合は太い糸を下糸だけにして、上糸は50〜60番をかけ、ステッチを見せたいほうを下にして縫うのがおすすめです。

途中で糸が切れてしまう →

上糸は、針の穴に通ったまま布を通り、上下に動くので、全速力で縫うと摩擦で切れることがあります。適度な、なおかつ一定の速度で縫うことが大事です。それを知るためにも試し縫いが重要になります。

縫い目がとんでしまう →

針先が傷んでいることが考えられます。布をとめているまち針に当たったりすると針の先が曲がってしまうことも。こうなるとうまく縫えないだけでなく、布を傷つける原因にもなってしまいます。糸をかける前に針先の確認をしましょう。

カタンと音がしてミシンが止まってしまった →

薄手の布に、30番の太い糸を使っていたり、布に合わない針と糸を使うと起こります。再度、針と糸の番号を確認してください。

補習 Lesson

アイロンがけ

アイロンを使うと仕上がりがきれいになります

アイロンを使って作ったバッグ

アイロンで布目を正してから裁断したので柄がまっすぐにきれい。バッグ口の折り目がきっちりとつき、縫い代も落ち着いています。

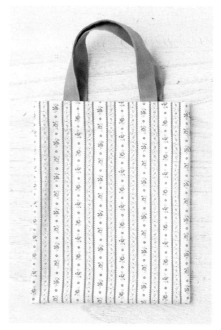

アイロンを使わずに作ったバッグ

布目を正していないので柄がゆがんでしまっています。折り目や縫い代も落ち着かず、全体にたるんだ印象です。

アイロンの動かし方は大きく分けて2つ

1 滑らせる

アイロンを布につけたまま移動させます。ソーイングでは主に裁断する前の地直し(82ページ参照)や、しわを伸ばすときのかけ方です。

2 押さえる

アイロンを押さえながら布から離して移動させます。接着芯をはるときや、縫い代を割ったり倒すときなど、ソーイングではこちらのかけ方のほうが多く使われます。

アイロンがけ

布を折る

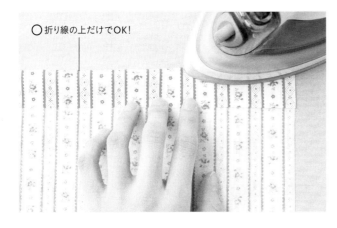

○折り線の上だけでOK！

大事なのは〝必要な部分のみアイロンをかける〟ということ。折るときは、アイロンの縁を使うような感じで、折り線にだけかけるようにします。必要のない部分にアイロンを当てたり、滑らせたりすると不要なしわができて布を伸ばしてしまうことも。

縫い代を倒す

片倒しの場合

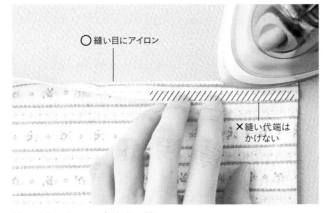

○縫い目にアイロン
✗縫い代端はかけない

縫い目をアイロンで押さえ、縫い代端にはかからないようにします。表に縫い代の当たりが出るのを防ぐためです。割る場合もなるべく縫い線を意識して押さえます。

割る場合

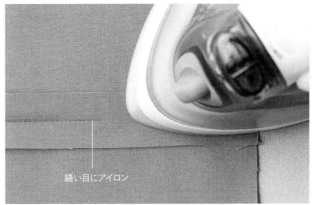

縫い目にアイロン

当て布は布や用途に合わせて

アップリケや接着芯をはるときに当て布をすると、糊でアイロンが汚れてしまうのを防ぐことができます。表からアイロンをかける場合、てかりが出てしまうような布は当て布をします。

補習 Lesson

目打ちを使う

正しい持ち方

持ち方は、ペンのように指先で握るのではなく、柄の部分を手のひらで支えるように持つと、力を入れやすくなり、安定します。自分の手に合う大きさのものを選びましょう。

使い方のいろいろ

1 バッグの角を出す

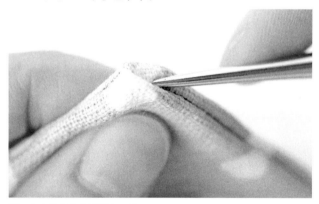

縫い糸や織り糸を目打ちで引っぱってしまうと糸が切れることがあるので注意しましょう。縫い目ではなく、角を押し出すようにして内側にある縫い代を整えます。

使用前

使用後

2 ポケットなどの印つけ

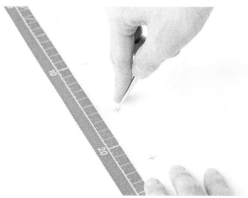

型紙の内側にある印を写すとき、チャコペンが使えない場合は、型紙の上から目打ちを押し当て、跡で印をつけます。ポケットの角やボタン位置など、点でつけられる印向きです。目打ちを当てると引きつれてしまうようなデリケートな布にはできません。必ずマットを敷いて使用します。

3 ミシン縫いのサポート

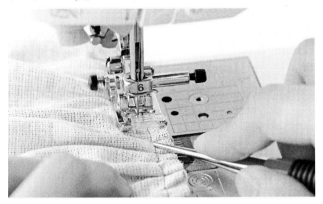

ギャザーを縫う
目打ちを少し寝かせて、ひだを押さえながら押さえ金の下へ布を送り込むようにして縫います。

レースやテープを縫いつける
レースやテープの端がずれたりしないよう、まち針とまち針の間のこれから縫う部分を目打ちで押さえながら布を送るようにして縫います。

4 ニット地に穴をあける

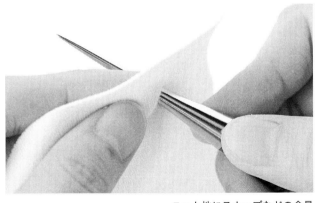

ニット地にスナップなどの金具をつけるとき、編み目を切って穴をあけてしまうと布が伸びたときに穴が広がり、金具がはずれてしまいます。目打ちで編み目を広げるようにして穴をあけます。

5 縫い目をほどく

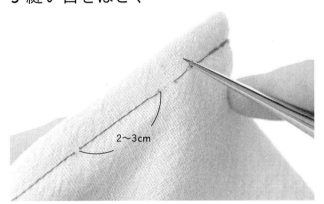

ほどきたい縫い目を2〜3cm間隔で切り、縫い糸に目打ちの先端を引っかけて抜きます。

水野佳子
ソーイングデザイナー。
『きれいに縫うための基礎の基礎』（文化出版局刊）
『ファスナーで楽しむバッグと小物』（日本ヴォーグ社刊）など、
作り方解説の著書を多数手がける。

ブックデザイン　若山嘉代子　若山美樹　L'espace
撮影　吉田篤史
　　　岡 利恵子（本社写真編集室）
　　　亀和田良弘（本社写真編集室）
イラスト　白井麻衣　若山美樹
校閲　滄流社
企画・編集　若松香織
編集担当　小柳良子

バッグ作り教室

著者　水野佳子
編集人　石田由美
発行人　倉次辰男
発行所　株式会社 主婦と生活社
　　　　〒104-8357　東京都中央区京橋3-5-7
　　　　http://www.shufu.co.jp/

編集部　☎03-3563-5361　FAX03-3563-0528
販売部　☎03-3563-5121
生産部　☎03-3563-5125
製版所　東京カラーフォト・プロセス株式会社
印刷所　凸版印刷株式会社
製本所　共同製本株式会社

ISBN 978-4-391-14962-3

落丁・乱丁の場合はお取り替えいたします。お買い求めの書店か、小社生産部までお申し出ください。

®本書を無断で複写複製（電子化を含む）することは、著作権法上の例外を除き、禁じられています。本書をコピーされる場合は、事前に日本複製権センター（JRRC）の許諾を受けてください。
また、本書を代行業者等の第三者に依頼してスキャンやデジタル化をすることは、たとえ個人や家庭内の利用であっても一切認められておりません。
JRRC（https://jrrc.or.jp　Eメール：jrrc_info@jrrc.or.jp　TEL：03-3401-2382）
※本書掲載作品の複製頒布、および販売はご遠慮ください。

©yoshiko mizuno　2017 Printed in Japan